"十二五"国家重点图书出版规划项目

政治系列

九三学社史话

A Brief History of Jiusan Society

王世铎 著

社会科学文献出版社
SOCIAL SCIENCES ACADEMIC PRESS (CHINA)

《九三学社史话》编辑委员会

总　序

　　中国是一个有着悠久文化历史的古老国度，从传说中的三皇五帝到中华人民共和国的建立，生活在这片土地上的人们从来都没有停止过探寻、创造的脚步。长沙马王堆出土的轻若烟雾、薄如蝉翼的素纱衣向世人昭示着古人在丝绸纺织、制作方面所达到的高度；敦煌莫高窟近五百个洞窟中的两千多尊彩塑雕像和大量的彩绘壁画又向世人显示了古人在雕塑和绘画方面所取得的成绩；还有青铜器、唐三彩、园林建筑、宫殿建筑，以及书法、诗歌、茶道、中医等物质与非物质文化遗产，它们无不向世人展示了中华五千年文化的灿烂与辉煌，展示了中国这一古老国度的魅力与绚烂。这是一份宝贵的遗产，值得我们每一位炎黄子孙珍视。

　　历史不会永远眷顾任何一个民族或一个国家，当世界进入近代之时，曾经一千多年雄踞世界发展高峰的古老中国，从巅峰跌落。1840 年鸦片战争的炮声打破了清帝国"天朝上国"的迷梦，从此中国沦为被列强宰割的羔羊。一个个不平等条约的签订，不仅使中国大量的白银外流，更使中国的领土一步步被列强侵占，国库亏空，民不聊生。东方古国曾经拥有的辉煌，也随着西方列强坚船利炮的轰击而烟消云散，中国一步步堕入了半殖民地的深渊。不甘屈服的中国人民也由此开始了救国救民、富国图强的抗争之路。从洋务运动到维新变法，从太平天国到辛亥革命，从五四运动到中国共产党领导的新民主主义革命，中国人民屡败屡战，终于认识到了"只有社会主义才能救中国，只有社会主义才能发展中国"这一道理。中国共产党领导中国人民推倒三座大山，建立了新中国，从此饱受屈辱与蹂躏的中国人民站起来了。古老的中国焕发出新的生机与活力，摆脱了任人宰割与欺侮的历史，屹立于世界民族之林。每一位中华儿女应当了解中华民族数千年的文明史，也应当牢记鸦片战争以来一百多年民族屈辱的历史。

当我们步入全球化大潮的 21 世纪，信息技术革命迅猛发展，地区之间的交流壁垒被互联网之类的新兴交流工具所打破，世界的多元性展示在世人面前。世界上任何一个区域都不可避免地存在着两种以上文化的交汇与碰撞，但不可否认的是，近些年来，随着市场经济的大潮，西方文化扑面而来，有些人唯西方为时尚，把民族的传统丢在一边。大批年轻人甚至比西方人还热衷于圣诞节、情人节与洋快餐，对我国各民族的重大节日以及中国历史的基本知识却茫然无知，这是中华民族实现复兴大业中的重大忧患。

中国之所以为中国，中华民族之所以历数千年而不分离，根基就在于五千年来一脉相传的中华文明。如果丢弃了千百年来一脉相承的文化，任凭外来文化随意浸染，很难设想13亿中国人到哪里去寻找民族向心力和凝聚力。在推进社会主义现代化、实现民族复兴的伟大事业中，大力弘扬优秀的中华民族文化和民族精神，弘扬中华文化的爱国主义传统和民族自尊意识，在建设中国特色社会主义的进程中，构建具有中国特色的文化价值体系，光大中华民族的优秀传统文化是一件任重而道远的事业。

当前，我国进入了经济体制深刻变革、社会结构深刻变动、利益格局深刻调整、思想观念深刻变化的新的历史时期。面对新的历史任务和来自各方的新挑战，全党和全国人民都需要学习和把握社会主义核心价值体系，进一步形成全社会共同的理想信念和道德规范，打牢全党全国各族人民团结奋斗的思想道德基础，形成全民族奋发向上的精神力量，这是我们建设社会主义和谐社会的思想保证。中国社会科学院作为国家社会科学研究的机构，有责任为此作出贡献。我们在编写出版《中华文明史话》与《百年中国史话》的基础上，组织院内外各研究领域的专家，融合近年来的最新研究，编辑出版大型历史知识系列丛书——《中国史话》，其目的就在于为广大人民群众尤其是青少年提供一套较为完整、准确地介绍中国历史和传统文化的普及类系列丛书，从而使生活在信息时代的人们尤其是青少年能够了解自己祖先的历史，在东西南北文化的交流中由知己到知彼，善于取人之长补己之短，在中国与世界各国愈来愈深的文化交融中，保持自己的本色与特色，将中华民族自强不息、厚德载物的精神永远发扬下去。

《中国史话》系列丛书首批计200种，每种10万字左右，主要从政治、经济、文化、军事、哲学、艺术、科技、饮食、服饰、交通、建筑等各个方面介绍了从古至今数千年来中华文明发展和变迁的历史。这些历史不仅展现了中华五千年文化的辉煌，展现了先民的智慧与创造精神，而且展现了中国人民的不屈与抗争精神。我们衷心地希望这套普及历史知识的丛书对广大人民群众进一步了解中华民族的优秀文化传统，增强民族自尊心和自豪感发挥应有的作用，鼓舞广大人民群众特别是新一代的劳动者和建设者在建设中国特色社会主义的道路上不断阔步前进，为我们祖国美好的未来贡献更大的力量。

陈奎元

2011 年 4 月

出版说明

　　自古至今，始终坚持不懈地从漫长的文明进程中不断总结历史经验教训，从中汲取有益营养，从而培植广阔的历史视野，并具有浓厚的历史意识，这是我们中国文化独有的鲜明特征，中华民族亦因此而以悠久的"重史"传统著称于世。在整个人类文明史上独一无二、系统完备的"二十四史"即证明了这一点。

　　中华人民共和国成立后，历史知识普及工作被放到十分重要的位置。20世纪五六十年代，著名历史学家吴晗主持编写的《中国历史小丛书》，90年代中国社会科学院院长胡绳组织编写的《中华文明史话》和《百年中国史话》，成为"大家小书"的典范，而后两套历史知识普及丛书正是《中国史话》之缘起。

　　2010年年初，为切实贯彻中央关于"做好历史知识普及工作"的指示精神，同时也为了更好地弘扬中国传统文化，我们对《中华文明史话》和《百年中国史话》

两套丛书的内容进行了修订和增补，重新设计框架，以"中国史话"为丛书名出版。第十一届全国政协副主席、时任中国社会科学院院长陈奎元亲任《中国史话》一期编委会主任，时任中国社会科学院副院长武寅任编委会副主任。正是有了各级领导的关心支持和诸多学术名家的积极参与，《中国史话》一期200种图书得以顺利出版，并广受好评。

《中国史话》丛书的诞生，为历史知识普及传播途径的发展成熟，提供了一种卓具新意的形式。这种形式具有以通俗表述、适中篇幅和专题形式展现可靠历史知识的特征。通俗、可靠、适中、专题，是史话作品缺一不可的要素，也是区别于其他所有研究专著、稗官野史、小说演义类历史读物的独有特征。

囿于当时条件，《中国史话》一期的出版形式不尽如人意，其内容更有可以拓展的广阔空间，为此2013年4月我们启动了《中国史话》二期出版工作。《中国史话》二期分为经济、政治、文化、社会和生态五大系列，拟对中国各区域、各行业、各民族等的发展历史予以全方位介绍。我们并将在适当时机，启动《世界史话》的出版工作。史话总规模将达数千种。

我们愿携手海内外专家学者，将《中国史话》《世界史话》打造成以现代意识展现全部人类历史和人类文明，集学术性、知识性、趣味性于一体的"万有文库";并将承载如此丰厚内容的史话体写作与出版努力锻造成新时期独具特色的出版形态。

希望史话丛书能在形塑民族历史记忆、汲取人类文明精华、培育现代国民方面有所贡献,并为广大读者所喜爱。

史话编辑部

2014 年 6 月

目录
Contents

序

　　研究、撰写和宣传中国民主党派的历史，有着重要意义。九三学社中央历来十分重视社史工作，特别是社九大以来，在韩启德主席领导下全面开展"社史工程"，成绩显著。但我一直有一个遗憾，就是现有《九三学社简史》长达 30 余万字，篇幅太大，不便于九三学社成员和社会大众阅读，很需要有一种更为简明的社史读本。现在王世铎同志所著《九三学社史话》即将面世，期冀成为现实，令人高兴。

　　去年 10 月，社会科学文献出版社计划出版一套中国民主党派史话丛书，向各党派中央约稿，并要求在半年之内完成，世铎同志被选为本书作者。作为一名老社员，世铎长期在社天津市委从事宣传工作，对社组织有感情，熟悉社史；更重要的是，自 2007 年以来，世铎就直接参与了社中央的"社史工程"，承担并完成了多项重要任务，如参加社史专题片的脚本编写和采访拍摄，独立完成祁龙威先生、刘绍梅女士的口述历史，以及何鲁、虞颂庭、金显宅等多位九三前辈的传记文章，担任审读专家审读《九三学社人物丛书》多部书稿，等等。要在短时间内拿出合格的《九三学社史话》，实在是一位理想的作者。

世铎果然不负所望，全力以赴，按期完成了书稿。通读全书，以为有以下优点：

一是在史料搜集上下了较大功夫，基础坚实。本书不仅充分利用了近年来社史研究的新成果，还广泛搜集了多种档案、报刊和口述史料，其中有些还是世铎本人的贡献。比如书中引用的反右前后在社中央机关工作的著名历史学家祁龙威先生的回忆，十分珍贵。而这个口述访谈，就是世铎在祁老先生去世前，专程到扬州抢救完成的。因此与一些史话缺少史料价值不同，本书的史料价值很值得重视。

二是秉持实事求是的精神，记述客观。史贵求真，但是多年来由于种种原因，关于我社的历史叙述，还存在着一些失实、被忽略或回避的问题。比如民主科学社和座谈会的真相，复员后的总社设置，褚辅成、张西曼、吴藻溪等人的历史作用，我社反右运动的实际情况，等等。随着近年来新材料的出现和研究的深入，都需要实事求是地加以修正。本书在这方面做了很多努力，纠正了一些以往社史著述中的错误，叙述称得上平实可信，值得称赞。

三是文字简明流畅。史话之所以为史话，就是文字须简明扼要、轻松可读。这本身就不是一件容易的事情。何况近三十多年来，民主党派屡经换届，重要会议众多，工作广泛，内容丰富，特别是近十余年的社史尚未有人加以总结和叙述，要在有限篇幅里精当概括，要言不烦，更有难度。但本书较好地完成了这个任务，实属不易。

总之，《九三学社史话》是了解九三学社历史很好的入门读本，也是我社开展社史学习，提高成员政党意识，加强凝聚力和履职能力的好教材，值得推荐。明年将是九三学社成立七十周年，本书的出版可谓正当其时，不仅是给大庆的一个献礼，也将为做好有关工作提供有益的帮助。借此机会，我要感谢世铎，感谢他为本书付出的辛勤努力和对社史工作做出的贡献。

谨序。

邵鸿

2014 年国庆日

引 言

　　九三学社的名称，看起来像个学术团体，毫无政治色彩。然而，事实上，她是在中国共产党领导的政治格局中，与共产党通力合作的八个民主党派之一。1948年国统区中联出版社编印的一本《中国党派》小册子，在介绍九三学社时，开篇第一句就是："九三学社，虽以'学'字为号召，事实上乃系政治性的结社。"可谓一语中的。

　　且看《九三学社章程》总纲（2012年12月九三学社第十次代表大会修订，下同）对九三学社的表述：

　　　　九三学社是以科学技术界高、中级知识分子为主的具有政治联盟特点的政党，是接受中国共产党领导、同中国共产党通力合作的亲密友党，是进步性与广泛性相统一、致力于中国特色社会主义事业的参政党。

　　《九三学社章程》总纲对九三学社还有如下介绍：

本社前身为抗日战争后期一批进步学者发扬五四运动反帝反封建的爱国精神，以民主、科学为宗旨，在重庆组织的"民主科学座谈会"。后为纪念1945年9月3日抗日战争和世界反法西斯战争的伟大胜利，改建为"九三学社"。国共和谈和旧政协期间，本社支持中国共产党的主张，反对内战，反对独裁。解放战争期间，本社严正声明不承认伪"国民大会"，赞成中国共产党的各项主张，与中国共产党团结合作，积极参加反对国民党独裁统治的民主运动，为争取新民主主义革命的胜利而斗争。随后，本社响应中国共产党召开新政协，成立民主联合政府的号召，接受中国共产党的领导，参加了中国人民政治协商会议，为建立新中国作出了积极贡献。新中国成立后，本社以中国人民政治协商会议《共同纲领》和政协章程总纲为自己的政治纲领，积极参与国家政治生活中重大问题的协商，组织成员参加民主改革和社会主义改造运动，为发展科学技术、教育和医药卫生等事业作出了重要贡献，走上了为社会主义服务的道路。中共十一届三中全会之后，在邓小平理论的指引下，本社进一步明确了性质、地位和作用，以经济建设为中心，坚持四项基本原则，坚持改革开放，履行参政议政、民主监督职能，为建设中国特色社会主义事业作出了显著成绩。半个多世纪以来，本社秉承爱国、民主、科学的优良传统，同中国共产党在争取民族独立和人民解放的宏伟事业中风雨同舟，在社会主义革命和建设的历史进程中携手前进，在改革开放和社会主义现

代化建设的伟大实践中团结奋斗，发展成为一支建设中国
特色社会主义事业、维护国家安定团结的重要力量……

发轫于山城重庆的九三学社，最初不过寥寥数十人。经过
半个多世纪的发展，犹如雪域融冰，涓涓细流，千折万转，终
竟汇成入海的江河。据统计，截至2012年底，九三学社在全
国已有30个省级组织，289个设区市级组织，全国社员总数
达132000余人。社员中担任各级人大代表的共有1938人、各
级政协委员共有10029人，担任县处级以上政府及司法机关领
导职务的共有1042人。九三学社先后拥有170余位中国科学
院院士（学部委员）和中国工程院院士。许多社员为中国科
技事业做出了卓越贡献。王淦昌、邓稼先、赵九章、陈芳允、
程开甲获"两弹一星功勋奖章"，王选、黄昆、师昌绪、谢家
麟、程开甲先后荣获国家最高科学技术奖……

屈指算来，九三学社从建社到今天，已经走过68个春秋。
如果将它放在中华五千年历史长河中考量，短暂如白驹过隙。
不过，九三学社的发起者，却大多经历了清朝、中华民国、中
华人民共和国三个时代。这段百年沧桑，几乎浓缩了中国有史
以来的一切悲喜剧，其战争之惨烈，社会之动荡，人民之困
苦，天地之翻覆，新旧之撞击……可以说，史无前例。

因为有了这样一个反差巨大、对比强烈、触目惊心的时代
背景，当我们展开九三学社这幅算不得厚重的历史图卷时，呈
现在眼前的，自然也是山奔海立，云起雷行……还有，一个个
披肝沥胆的热血人物，叙说不尽的往事，动人的情怀……

一　云涌巴渝

　　抗日战争胜利，中国人民被压抑已久的民主、自由、独立的意识喷薄而发，反对一党专制，成立联合政府，建设和平民主的新中国，已经成为社会各阶层人士的共同心愿。然而，国民党政府坚持独裁反共，玩弄两面手法，伪装和平民主，欺骗大众……

　　九三学社的创始人，早年都曾投身于推翻封建统治和反对西方帝国主义列强侵略的斗争，都曾经历过五四新文化运动的洗礼，民主与科学，是他们遵奉的圭臬和崇高的精神指向。他们志同道合，都具有中国知识分子赤诚的爱国情怀和强烈的责任感、使命感。在抗日救亡和争民主反独裁的斗争中，与中国共产党发生了千丝万缕的联系，结下了亲密的友谊。在关系国家存亡兴衰的关键时刻，他们挺身而出，一群学者，数十位书生，组织起来，喊出自己的声音……

1 一个学术性政团亮相山城

1946 年，中国走到了历史的交叉路口。一边是自由民主，一边是专制独裁；一边是光明前途，一边是黑暗深渊。何去何从？中国的命运，吉凶未卜。

抗战胜利，中国人民被压抑已久的民主、自由、独立的愿望喷薄而发。反对一党专制，反对内战，呼吁和平，呼吁民主，要求建立联合政府，在中国大地汇成了时代最强音。

1946 年新年刚过，1 月 9 日，重庆《新华日报》刊载了一条消息，标题为《政治协商只许成功——学术界举行九三座谈会，决定筹组九三学社，声援政治协商会议各代表，完成历史任务》，报道如下：

> 本市消息：褚辅成、许德珩、税西恒、张西曼诸氏，邀请重庆学术界人士举行九三座谈会。出席何鲁、刘及辰、潘菽、吴藻溪等二十余人。首先检讨新疆问题，其次交换对政治协商会议意见，发言踊跃，一致认为，政治协商会议必须完全公开，只许成功，不许失败……最后决定推褚辅成、许德珩、张西曼等筹组九三学社，声援出席政治协商会议各代表，完成他们所负的历史任务。

座谈会召开的日期是 1946 年 1 月 6 日，星期日。这是"九三学社"的名称首次见之于世。

从这条简短的消息可以看出，九三座谈会的召开，实为情势所迫。因为四天之后，1月10日，政治协商会议就要开幕了。

中共领导人毛泽东，从延安亲临重庆，与国民党首脑蒋介石进行谈判。经过四十三天的艰难努力，终于达成《双十协定》。尽管没有解决军队和政权等根本问题，却取得了一项重要成果，那就是确定召开各党派及无党派代表人士参加的政治协商会议，共商大计。这项成果对于切盼和平民主建国的中国人民来说，实在是来之不易。

九三座谈会之所以选择此时召开，并决定筹组九三学社，就是希望来之不易的团结局面不要破裂，希望政治协商会议能够开好，取得成功。在这决定国家命运的关键时刻，流寓重庆的科学文化教育界人士，再也不能置身事外，他们迫切希望喊出自己的声音，并且决定组织起来，采取行动，声援政协代表。筹组九三学社，表现出了他们对国家前途的殷忧，还有对政协会议寄予的深切愿望。

果然，就在政协会议召开、会上充满分歧和斗争的情况下，1月18日，九三学社筹备会再次发声，对政治协商会议提出了关于开放政权、民主与自由权利、停止军事冲突等九条意见，发表于报端。并且再次强调，政协会议只能成功，不能失败："败则混乱分离"，"置国家于万劫不复之境"，后果不堪设想。

就在九三学社筹组期间，还多次发表政见，申明立场。例如，重庆校场口惨案发生后，九三学社筹备会负责人立即向新闻记者发表谈话，对国民党政府倒行逆施的暴行，提出严正抗议。针对国民党政府破坏停战协议，出兵抢占东北，在《新华日报》刊出《九三学社发表对东北问题的意见》，提出东北政权应由东北人民用民主的方式自行决定……

经过数月筹备，1946 年 5 月 4 日下午三点，九三学社成立大会在重庆青年会大厦召开，这一天正是五四运动纪念日。

褚辅成、卢于道、黄国璋、许德珩、税西恒、吴藻溪、张雪岩、孟宪章、詹熊来、潘菽、黎锦熙、张西曼、何鲁、侯外庐、涂长望、李士豪、刘及辰、王卓然、陈剑翛、张迦陵、严希纯、笪移今、彭饬三等五十余人出席。会议推举褚辅成、许德珩、税西恒为主席团成员。会议通过了《九三学社缘起》《成立宣言》《基本主张》《对时局的主张》以及致美国国会电文。大会选举潘菽、张雪岩、褚辅成、许德珩、税西恒、吴藻溪、黄国璋、彭饬三、王卓然、孟宪章、张西曼、涂长望、李士豪、笪移今、张迦陵、严希纯等人为理事，卢于道、詹熊来、刘及辰、何鲁、侯外庐、黎锦熙、梁希、陈剑翛等为监事。

九三学社在《成立宣言》中，将建社宗旨和政治主张，向世人明白宣示：

　　本学社发起于日寇败降，国际的民主胜利，与世界的和平奠基之日。百年以来，中国人民外受帝国主义者之压迫，内遭军阀、官僚、买办之罪恶的统治，于其自身政治之改革，科学与工业之建树，亦皆频遭阻碍，成效未彰。

今抗战已获胜利，自应迈进于和平建设之途，然环顾国内，其纷乱舛错之状况，实有令人不胜其忧惧者……中国今日，舍和平团结，实无救济之策。而和平团结之能实现与否，端赖民主宪政之实施，故政治的民主与宪政之实施，实为救国之要着，本学社同人，愿在自己岗位上，作此种问题之劳力，促其实现……今日适为"五四运动"二十八周年纪念日，"五四"所号召于国人者，为科学与民主，今时间过去虽已二十余年，而民主与科学之要求，实较前迫切，本社同人，即本"五四"的精神，为民主与科学之实现而努力，始终不懈，谨此宣言。

　　九三学社成立的消息，当时未必能够引起太多注意。尽管如此，仍要感谢《新华日报》为我们留下了这份珍贵的历史存

1946 年 5 月 6 日重庆《新华日报》刊载九三学社成立消息

照。这条消息，明白无误地告诉后人：九三学社的成立，不是为了在各种政治势力的角逐中攫夺权位，也不是为了一己之私参与党争，更非哗众取宠、沽名钓誉……他们是本着中国知识分子报效国家的赤胆忠心和社会良知，为了国家民族的前途和福祉，在历史演进的关键时刻，挺身而出，承担起应负的责任。

自此，一个自称学术性的政治团体——九三学社，踏上了中国的历史舞台，站在人类社会文明进步的基点，秉承五四精神，高举民主与科学的旗帜，以强烈的爱国情怀，投身于争取民主、和平、正义、进步的历史洪流，义无反顾地践行起自己的誓言。

2　最肯为老百姓讲话的参政员

九三学社成立会上，被推举为三人主席团成员之一的许德珩，早在北京大学读书的时候，就以五四爱国运动的骁将而名扬海内。

许德珩满腔爱国热血，一身急公好义的正气，忧国而不忧身。那本《中国党派》提到许德珩，不很确切地说他"原为国民党党员，曾于朱培德任江西省政府主席时代任教育厅长，对第三党之活动，颇多掩护。旋又脱离第三党，加入改组派。抗战前任北京大学法学院教授，抗战后任参议员，于历届参政会中，均以发言激烈著称，对政府措施颇多抨击"。《文汇报》上一篇署名"劲云"的文章，称他是"最肯为老百姓讲话的参政员"。

1938 年 12 月，汪精卫在越南河内发表"艳电"，公开投敌，当了汉奸。许德珩怒不可遏，在国民参政会一届四次会议上，提出声讨汪精卫案：《乱臣贼子，人人得而诛之——请追拿汪逆及附逆诸汉奸归案法办》，征得许多参政员签名联署，并经大会通过决议，通电全国，声讨汪精卫及附逆诸汉奸。

当时，中国的抗战形势，很是令人失望。1944 年，日寇为了挽救太平洋战场的失利，加强了对中国大陆的战略进攻。而国民党军队竟然一触即溃，数月之间，河南、湖南、广西大片国土相继沦丧。有鉴于此，中共参政员林伯渠，在国民参政会上提出"改组抗战不力、腐败无能的国民政府及其统帅部，结束国民党一党专政，召开各党派会议，建立民主联合政府，实行民主，保障言论自由"的倡议。倡议一出，立即得到许德珩与众多参政员的拥护响应。

在国民党特务的眼皮底下，许德珩并不避讳他与中共代表的亲密往来。他在重庆的居处，与中共参政员的驻地上清寺相距不远。每逢参政会开会，许德珩常搭乘董必武、吴玉章、林伯渠的便车。许德珩说："每次参政会开会，三人中总只有两位出席。我搭他们的汽车回到上清寺，他们回到 50 号周公馆，我则步行到枣子岚垭雅园。"

许德珩每次演讲，都是未曾开口，血液先已燃烧起来，说到激烈处，拍案疾呼，使闻者踊跃。由于许德珩持论公正，敢于直言，屡被选为驻会参政员。

从许德珩的作为不难看出，他的身上自有一股儒家所谓"士不可不弘毅"、"如欲平治天下，当今之世，舍我其谁"的

勇敢和担当。而这种风骨与价值观的形成，与他的家庭影响、
环境熏陶不无关系。

许德珩，又名楚僧、楚
生，1890 年出生于江西德化
（今九江市庐山区）。据说，许
德珩有一位曾叔祖，在候补广
西某县知县的时候，曾参加太
平军。太平军失败，许家逃到
人迹罕至的沈家冲躲藏起来。
追捕太平军的风头过去很久，
他的父亲许鸿胪才敢出来应
试。通过府试，许鸿胪补为廪

许德珩

生，被聘到浙江绍兴府当了一名文案。徐锡麟、秋瑾案发，许
鸿胪因同情革命，被罢职，返回故里，执教于九江同文书院。
父亲带回的进步书刊，如梁启超主编的《新民丛报》，邹容的
《革命军》，章太炎的《訄书》，严复翻译的《天演论》，以及
秋瑾的诗文，使尚在乡塾背诵古文的许德珩眼界大开。许德珩
考入九江中学堂不久，便加入了同盟会。

辛亥革命爆发，九江光复。许德珩剪掉辫子，丢掉书本，
径直投到九江都督李烈钧麾下，担任秘书处秘书。让这位刚刚
二十出头的革命青年兴奋的是，平生第一次在欢呼的人群中见
到了仰慕已久的孙中山先生。而湖口讨袁之役失败，则让他尝
到了封建复辟的苦果。为了逃避搜捕，许德珩从九江乘轮船顺
流而下，来到上海，考入中国公学英文系，重新踏上求学之

路。由于学费昂贵，1915 年秋，许德珩考入收费较为低廉的北京大学。由此，一条更为波澜跌宕的人生道路，在他的脚下展开。

两年之后，蔡元培出任北京大学校长，力倡思想自由、兼容并包，北大风气为之一新。许德珩呼吸着自由的学术空气，投身于新文化运动的激流，与蔡元培、李大钊、陈独秀等建立了师友之谊。经李大钊介绍，许德珩加入了少年中国学会。他还参与发起了学生救国会，创办并主编《国民》杂志，与邓中夏、黄日葵等成立北京大学平民教育讲演团，张国焘、俞平伯等同学，以及时任北大图书馆管理员的毛泽东也参加进来，宣传新思想，普及平民教育。

1919 年 5 月 4 日，反帝反封建的爱国民主运动爆发。前一天，许德珩受北大学生大会推举，连夜起草了《北京学生天安门大会宣言》。因为时已深夜，买不到白布，许德珩把仅有的一条赖以半铺半盖的白床单撕成布条，写上标语，做成集会游行的小旗。5 月 4 日上午，各校学生在天安门广场集会演讲。下午，游行队伍来到东交民巷，当群情激愤的学生冲向赵家楼胡同，殴打章宗祥，火烧曹宅后，许德珩等 32 名学生遭到逮捕，被关进肮脏拥挤、臭气熏天的牢房。

许德珩在五四运动中崭露头角，成为全国闻名的学生运动领袖。而五四运动所揭举的"民主与科学"的旗帜，在许德珩心目中，鲜艳无比，永不褪色，成为他一生为之呐喊、为之攀登的神圣高峰。

1920 年，许德珩赴法勤工俭学。在法国，许德珩与蔡和森、徐特立、向警予、蔡畅、周恩来等共产党人时相过从。因蔡元培先生的关系，许德珩结识了来自湖南长沙的劳君展（劳启荣）女士。聪颖秀丽的劳君展，在法国里昂大学获得硕士学位后，转入巴黎大学，师从居里夫人研究镭学。1925 年，许德珩与劳君展女士喜结伉俪，在巴黎中国饭店举行了婚礼。

1927 年 2 月，许德珩受到国内革命形势的鼓舞，先期一人回国，奔赴当时的革命中心广州，任中山大学教授，兼黄埔军校政治教官。广东军阀发动政变，被列入黑名单的许德珩，逃离广州。应恽代英之邀，担任武汉中央军事政治学校政治教官。

广州起义失败后，许德珩几经周折，偕回国的劳君展，来到上海，从事社会主义理论的教学和翻译。两年间，许德珩在大学讲堂上公开宣讲马克思的学说，并翻译了马克思的《哲学之贫乏》，布哈林的《唯物史观社会学》《共产主义之路与工农联合》等著作。

1931 年 6 月，应北师大和北京大学的聘请，许德珩与劳君展带着一双儿女，来到北平，在两校任教。

九一八事变发生后，许德珩因为多次公开演讲，以"蛊动各校罢课风潮之共党首要"，被北平当局军警逮捕。经中国民权保障同盟筹备委员会主席宋庆龄、副主席蔡元培、总干

许德珩与劳君展在巴黎合影

事杨杏佛等人积极营救，始得释放。

七七事变，抗战军兴。许德珩辗转来到武汉，根据周恩来的意见，返回原籍，参加抗战，担任江西抗敌后援会主任。不久，国民参政会成立，许德珩以北方代表身份出任参政员。

1937年底，南京失陷，国民政府移驻重庆。一时间，机关学校、文化科研院所、社团商会，以及颠沛流离的民众，纷纷涌向西南腹地，趋避巴蜀。于是，两江夹峙的陪都重庆，骤然拥集了大批达官名流、知识分子和苦难黎民，使得弹丸之地山城，物资短缺，房屋紧张，物价飞涨。加之还要时常躲避日寇飞机轰炸，人民的生活极端困窘。

为了维持一家人的生计，许德珩在距离重庆50里的璧山社会教育学院觅得教职，讲授"社会学"课程。

1944年底，日寇占领桂林，进逼川、黔，独山失守，重庆震惊。一时间，投降空气笼罩山城。对于国家前途命运的担忧，让许德珩寝食难安。

此时，流寓重庆的一些文教科技界人士，也同许德珩一样，日夜关注着时局的变化、心中充满了焦虑。他们经常聚在一起，打听消息，交换看法，倾吐胸中的郁闷。这样，对时政颇多抨击的参政员许德珩的家，自然成了一个聚谈的场所。

3 雅园际会

许德珩的寓所，坐落在重庆半山上的枣子岚垭，原名"稚园"。因为常被误读，许德珩只好因循，以"雅园"称之。

其实，那座房子不仅很难称"雅"，反倒有些破陋。许德珩这样描述他的新居：

> 找到半山雅园内破楼一间，无天花板，下雨漏雨，太阳可以照到房间各地，可以说是不蔽风雨。我住下后，买木板制成天花板，又将危楼一间分为两间，前为客房、饭厅，后面为睡房。如是者住到抗日胜利。

1944年底的一天，中国地理研究所所长、地理学家黄国璋带着一位客人来到雅园，拜访许德珩与劳君展夫妇。

原来，劳君展的哥哥劳启祥，与黄国璋既是师生关系，又有同乡、同事之谊。黄国璋在长沙雅礼大学读书时，劳启祥是黄国璋的老师。1926年黄国璋由雅礼大学毕业，赴美国芝加哥大学地理系攻读研究生，学成返校任教，与劳启祥又成了同事。

后来黄国璋离开雅礼大学，先后应聘中央大学、北平师范大学地理系教授，抗战西迁，任西北联大训导长兼地理系主任。抗战中后期，黄国璋从北碚迁来重庆市区，在建设委员会工作。闭塞而苦闷的客居生活，使得黄国璋成了雅园的常客。

黄国璋带来的客人，让许德珩惊喜不已。原来，这位谦谦来客，就是五四运动中与许德珩一起被捕的32名难友之一、中央大学心理学教授潘菽。许德珩与潘菽，虽为北大同窗，却因科系年级不同，彼此闻名而不熟识……转瞬二十余载逝去，非但国事未见好转，反而前景堪忧。旧雨重聚，一谈倾心。于是，许德珩邀约潘菽与黄国璋以后常来谈谈。

潘菽，字水叔，原名潘有年，1897 年出生于江苏宜兴陆平村的一个书香门第。少年时期，潘菽就已熟读了先秦诸子及宋明理学家的著作。他在《中学同学录》上题诗言志，希望自己将来能够成为朱熹那样的学问大家。

1917 年，潘菽以优异的成绩考入北京大学哲学系本科。受到新文化运动的洗礼，潘菽投身于反帝反封建的五四运动。基于"教育救国"的远大抱负，潘菽考取了官费留学生，到美国加利福尼亚大学学习心理学。

1927 年秋，潘菽学成回国，先后在第四中山大学、中央大学理学院任心理学教授。20 世纪 20 年代，正是国际上心理学诸家学派林立、辩争纷纭的时期。可以说，潘菽是与中国现代心理学一起成长起来的心理学家。他在心理学上所走过的道路，即是中国现代心理学发展的一个历史缩影。

九一八事变，日本帝国主义侵占东北，把埋首书斋、一心钻研学问的潘菽惊醒过来。原来，潘菽家中早有兄弟参加了共产党，一个是长兄潘梓年，另一个是堂弟潘汉年。1933 年 5 月，担任上海"左翼文化总同盟"书记兼中共江苏省委机关报《真话报》总编的潘梓年被捕。为了营救兄长和同时被捕的丁玲，潘菽多方奔走。他利用家属身份前去探监，不断为潘梓年及其难友送去食物、药品并传递消息。在营救兄长的过程中，潘菽对国民党的反动本质有了深刻的认识。

抗日战争爆发，潘菽只身随中央大学从南京迁至重庆沙坪坝。转年春天，新华日报社由武汉迁来重庆。为了了解抗战实况和延安方面的政策主张，潘菽不顾化龙桥头茶馆里特务的监视，经常利用课余时间来到新华日报社，看望担任社长的潘梓年。在那里，潘菽结识了章汉夫、吴克坚、石西民、乔冠华等人，也常见到周恩来、邓颖超、董必武等中共领导人。逢年过节，新华日报社举办联欢活动，也都邀请潘菽参加，不拿他当外人。因此，延安方面的一些重要消息、文件，潘菽可以较早地听到看到。

与许德珩、黄国璋谈过几次之后，潘菽便把原重庆大学工学院院长税西恒教授介绍进来，一起聚谈。

潘菽说："过了不久，我又把学校里座谈会的人介绍进来，此外还有一些从别的方面参加进来的人。这样规模和代表的方面也比较广泛了。"

此时，税西恒已辞去重庆大学工学院的教职，在重庆市自来水厂担任总工程师。由于那里有较为宽敞的会客室，也有专门的厨师为聚餐提供服务，以后聚会的地点，便改在了重庆市自来水厂。

4 松林坡的教授们

潘菽过访雅园之前，还常与中央大学关系密切的同事定期聚谈。这几位同事是：梁希、金善宝、涂长望、干铎、李士豪等教授。

抗战期间，中央大学由南京迁到重庆沙坪坝松林坡。站在松林坡的顶巅，可以俯瞰嘉陵江，远眺歌乐山。中央大学图书馆就建在那里。在图书馆通往林业化学实验室的林荫道上，经常可以看到一位身材矮小却十分精干的老人，一袭洁净的蓝布长衫，臂间或夹册图书，或携件实验器具，匆匆走来……此人就是中国森林化学奠基人、中央大学森林系部聘教授梁希。

那时，教学条件和设施十分简陋。梁希与农学家金善宝合住在一间竹编泥砌、仅容两床一桌的斗室。但是，素有"洁癖"的梁希教授，却把室内收拾得干干净净，井井有条。

大约在1939年的春天，梁希和金善宝得知潘菽与《新华日报》有联系，就请潘菽来一起谈谈，听他介绍一些延安方面的情况和抗战前方的形势。后来感兴趣的人多了，梁希和金善宝的宿舍容纳不下，聚谈的场所就改在了水利系教授李士豪的宿舍。李士豪教授是单人居住，而且地点僻静。

潘菽记得，经过第一次聚谈，都感觉很有必要，希望今后能够经常谈谈，便约定每星期一次，时间安排在晚上。之后，中央大学的气象学教授涂长望、森林学教授干铎，还有重庆大学的谢立惠等人，陆续参加进来。除了交换对时局的看法，还增加了读报、学习。潘菽说，开始，聚会并无名称。后来逐渐与外界有了联系，需要有个名称，便根据参加者的成分，称之为"自然科学座谈会"。

最为年长的梁希，是座谈会最积极的参加者，他多次在会上慨谈自己的学习收获和心得。梁希运用辩证唯物主义原理撰写文章，阐述林业科学和森林事业发展的问题，在中共主办的刊物《群众》上发表。周恩来读了称赞道："梁老是位实干家，写得很好，我们还写不出来。"

梁希，原名燨，字叔和，1883 年出生于浙江吴兴（现湖州市）双林镇。父亲梁枚，清光绪三年进士，翰林院庶吉士。长兄梁炳，宣统元年恩贡，在双林蓉湖书院任教。梁希幼从长兄启蒙，16 岁中秀才，有"两浙才子"之誉。1900 年，八国联军攻占北京，清政府割地赔款，梁希深受刺激，萌生"武备救国"思想，投笔从戎，考进杭州武备学堂，旋被选派日本士官学校学习海军。1906 年加入同盟会。辛亥革命爆发，梁希立即回国，参加浙江湖属军政分府，致力于新军训练。南北议和，梁希复返日本，秉承"科学强国"之志，进入东京帝国大学，攻读素所钟爱的林学。

梁希一生最爱的是树。小时候见到邻家有棵银杏树，非常喜欢，就让母亲买回，植在自家宅前，每天在树下读书。

1916 年，梁希毕业回国，在北京农业专门学校任教。之后，又自费赴德，在德累斯顿萨克逊森林学院研究林业化学。1927 年返国，先后在国立北京农业大学、浙江大学、中央大学森林系任教。

梁希教学认真严谨，具有"教而不厌，诲而不倦"的精神。学生非常敬爱这位望之威而接之温、德高望重的老师。梁希为中国培养了大量林业人才，可谓桃李满天下。

梁希生性耿直，淡泊名利，有古侠士之风。梁希多次拒绝高官厚禄的诱请，清贫自守。同事和学生把他比作"屹立在松林坡上的一棵劲松"。

梁希对国民党政府的腐败深恶痛绝，对中国共产党人的高风亮节和抗日主张由衷赞同。当梁希在重庆第一次读到《新华日报》时，大有拨云雾而见青天之感。他把《新华日报》看作真理的传播者，几乎到了饭可以不吃，《新华日报》不可一天不读的地步。每逢《新华日报》创刊纪念日，他都为之赋诗讴歌。

1941年皖南事变发生后，年近花甲、身体消瘦的梁希寝食不安。一天，有人在他的衣柜旁发现了几双新草鞋，诧异地问他何用。原来梁希想请周恩来设法把他送到西安，然后步行去延安，去亲临抗日的战火烽烟。他一脸诚挚地解释说："四川的草鞋编得细，合脚，徒步去延安，有三四双就够了。"

通过潘菽介绍，梁希和新华日报社的同志成了知心朋友。1943年12月28日，梁希60岁诞辰，周恩来、董必武、邓颖超、潘梓年在化龙桥新华日报社，备了两桌简朴的酒席为梁希祝寿。潘菽、金善宝、涂长望、干铎、李士豪、谢立惠等应邀作陪。周恩来举杯向梁希祝酒说："中国需要科学家，新中国更需要科学家，不管道路如何曲折，新中国总要到来，到那时就大有用武之地了。"归途中，梁希感慨地说："我无家无室，有了这样的大家庭，真使我温暖忘年！"

与梁希同住一室的金善宝，不仅是一位杰出的农学家，而且也是坚定的爱国者。两人在浙江大学、中山大学和中央大学共事多年，是志同道合的老朋友。中央大学迁到重庆后，两人又同居一室，朝夕相处，互相照顾，情同手足。

金善宝比梁希小12岁，1895年出生于浙江诸暨石峡口村。金善宝幼年在父亲的塾馆里读书。13岁时，父亲去世，生活重担落在母亲肩上。课余时间，金善宝坚持农田劳动，磨

1937 年梁希（左）与金善宝在重庆中央大学松林坡合影

炼出了吃苦耐劳的精神。中学毕业后，由于家中经济窘迫，金善宝考进学费膳费全免的南京高等师范农业专修科，学习农学。

1930 年夏，金善宝考取浙江省教育厅的出国留学资格，远涉重洋，来到美国康奈尔大学农学院深造。1932 年金善宝回国，一面从事教育，一面进行小麦育种研究。金善宝辛勤耕耘，刻苦钻研，在培养农学人才和小麦研究领域，成绩斐然。

金善宝与梁希一样，都是《新华日报》的热心读者。国民党当局对《新华日报》控制极严，把订阅的人记上黑名单，暗地里迫害，迫使订报的人一天天减少。但是金善宝毫不畏惧，照读不误。最后，全校只剩下了金善宝订阅的一份。

中央大学的主持者在纪念抗战一周年的时候，发起为前线"献金"活动。金善宝偏不理会，他不相信捐款真正能够用到抗战前线。第二天，金善宝的身影却出现在了红岩嘴。他走进八路军驻重庆办事处，慷慨"献金"一百元。他对办事处的同志说："我的钱要捐在八路军将士身上！"

当年冬天，中央大学又搞"寒衣捐"活动，金善宝与梁希还是不配合。两人各拿出一百元，由金善宝再次送到红岩嘴八路军办事处。几天后，《新华日报》刊出消息"梁金先生献金二百元"。外界不知"梁金"何许人，而八路军办事处的同志都对两位教授的义举大加称赞。

1940 年前后，金善宝两次向林伯渠提出要前往延安。林伯渠为他办妥了所需手续。就在即将启程时，金善宝的助手突然生病以致死亡，打乱了他的计划。为此，金善宝很长时间都是郁郁寡欢。

后来，金善宝听到延安开展大生产运动的消息，立即把多年筛选的十多斤优良麦种，用纸袋一一包好，并附有详细说明，请新华日报社转交延安。半个月后，在一次茶话会上，邓颖超告诉金善宝："延安收到了你的麦种，同志们感谢你！"金善宝听了，似乎望见了陕北高原上翻涌的麦浪，脸上终于露出了微笑。

1944 年底，自然科学座谈会的梁希、潘菽、涂长望等人，与中国学术研究会自然科学组以及有关科学团体，共同发起，草拟了《组织中国科学工作者协会缘起》，分发全国各大城市，很快得到众多科学工作者的积极响应。1945 年 7 月 1 日，"中国科学工作者协会"在重庆沙坪坝正式成立，竺可桢任理事长，梁希任副理事长，李四光任监事长，涂长望任总干事，干铎任事务干事，谢立惠任组织干事。中国科学工作者协会成立后，影响波及国内外，西南、西北的一些大城市先后成立了分会，会员发展到七八百人。还创办了会刊《科学新闻》，由潘菽负责编辑。

那时，英国的李约瑟博士正在重庆负责"中英文化馆"工作，他是英国科学工作者协会的负责人之一，与涂长望相识。于是，经李约瑟博士联系，与英、美、法、加等国科学工作者协会共同发起，组织筹备世界科学工作者协会。1946 年秋，世界科学工作者协会在伦敦召开成立大会，涂长望代表中国科学工作者协会出席，并当选为理事。

涂长望 1906 年出生于湖北汉口，幼年家境贫寒，在教会小学读书。1929 年，涂长望在沪江大学毕业后，考取湖北省官费留学生，来到英国伦敦大学，攻读经济地理，旁听气象学。两年后，涂长望获得气象学硕士学位，并成为英国皇家气象学会第一个中国籍会员。留学期间，涂长望接触了马列主义，加入英国共产党，参加了中国留英学生组织的"反帝救亡大同盟"，以及第三国际领导的秘密革命活动。

1934 年，涂长望应竺可桢聘请，回国任中央研究院气象研究所研究员，并到清华大学地理系任教授。卢沟桥事变爆发后，涂长望带领气象研究所的一批人员来到重庆曾家岩，冒着日寇飞机的轰炸，坚持中国气象的研究和探索。他希望自己的研究成果能够服务于中国和美国空军的对日作战。然而，令涂长望万分悲痛的是，担任空军飞行员的弟弟涂长安，在一次执行任务时壮烈牺牲。

1943年，涂长望到重庆中央大学地理系任教授。新华日报社设宴庆祝梁希六十诞辰，涂长望应邀参加，高兴地见到了中共领导人周恩来。当得知延安急需西北地区气象资料时，涂长望及时向延安提供了相关资料和许多气象书籍。

涂长望为创建中国科学工作者协会奔走筹划，倾注了大量精力。

松林坡上的几位教授，九三学社早期的成员，在中国科学工作者协会的发起和创建过程中，发挥了核心骨干作用。正是由于这个渊源，新中国成立以后，原中国科学工作者协会的许多会员都相继加入了九三学社，从而进一步奠定了九三学社以科学技术界高、中级知识分子为主体的组织特色。

5 毛泽东先生来了

1945年8月28日，毛泽东、周恩来、王若飞在国民党代表张治中、美国驻中国大使赫尔利的陪同下，飞抵重庆，与蒋介石进行谈判。消息传来，给素有火炉之称的山城重庆，吹来一股清风。成千上万的重庆市民涌上街头，鞭炮齐鸣，欢迎毛泽东先生的到来。

那天傍晚，潘菽和梁希、金善宝等几位教授正在学校的一个空场上纳凉，忽然听说毛泽东已经来到重庆，甚感震惊，都对毛泽东"一身系天下之安危"的"弥天大勇"赞叹不已。

几天后，新华日报社送来一个口头通知，毛泽东要会见自然科学座谈会的教授们，由潘菽分别转达。金善宝仍然记得，他们见到毛主席的地方，是位于嘉陵江边的桂园——重庆谈判时，毛泽东下榻的张治中将军公馆。

那天参加会见的有梁希、潘菽、金善宝、涂长望、干铎、李士豪、谢立惠等人。进了大门，先来招呼他们的是王炳南。在一个长方形的房间里，毛泽东坐在大家的对面。寒暄之后，毛泽东让教授们先谈谈对时局的意见。梁希说："我们感到很苦闷。"然后没有了下文。毛泽东深吸一口香烟，沉默着，似有所思。接着，大家就战后中国的走向，以及各自感到困惑的问题，向毛泽东请教。

潘菽问："为什么把已经解放了的一些地方让给国民党？"

毛泽东站起身来，在椅子旁边后退了两步，示意说："让一步是可以的，让两步也可以。"毛泽东退到墙边，然后做了个还击的手势："再让就不可以了！"

座谈将要结束时，毛泽东注意到金善宝还没有发言，就问："后边那位白发先生有什么意见？"

金善宝因长年病累，虽然未进老境，却已鬓发全白。

毛泽东看了金善宝递上的名片，说："噢，你就是金先生，今年高寿？"

听金善宝说他今年五十整，毛泽东伸出两个手指笑着说：

"啊，我比你大两岁。"毛泽东请他也谈谈看法。

金善宝和大家一样，非常担心毛泽东在重庆的安全，暗示毛泽东应该早作归计。

就在毛泽东来到重庆的第六天，1945年9月2日，星期日，全世界的目光都聚焦到了远东的一小片海域——晨雾缭绕的东京湾。海面上，美国太平洋舰队的舰艇如林，超级战舰"密苏里"号灰色的舰身油漆一新，16英寸口径的大炮斜指天空。上午9时，乐声响彻云霄。以中国徐永昌将军为首的百名各国海军与陆军将领，分列在预定位置。日本外相重光葵，拖着一条在上海虹口公园被炸断后安装的假腿，一瘸一拐走上甲板。日本陆军总参谋长梅津美治郎一身褶皱的军服，随后垂首而行。这时，全舰静无声息，只闻舰旗猎猎。重光葵与梅津美治郎代表日本天皇、日本政府及帝国大本营分别在投降书上签字。麦克阿瑟将军通过广播向世界宣布："今天枪声平息了，巨大的灾难结束了，伟大的胜利实现了！"这庄严肃穆的一幕，尽洗中华民族70年来的奇耻大辱。这一天，永载史册。

9月3日，日本无条件投降签字生效，标志着抗日战争暨世界反法西斯战争取得了完全的胜利。饱受日寇铁蹄蹂躏的中华大地，顿时变成了欢腾的海洋。陪都重庆，更是鞭炮震响，锣鼓喧天，彩旗花灯，舞龙耍狮，集会游行。人们走在街上，任由激动的泪水洒落衣襟……

这一天，许德珩等人好不容易在张西曼主持的中苏文化协会找到会场，聚餐庆祝。会场气氛十分热烈，大家争先发言，抒发内心的喜悦和感慨。为了铭记这个具有伟大历史意义的日子，一致赞成把座谈会命名为"九三座谈会"。

这时，毛泽东也融入了山城人民欢庆胜利的海洋，蒋介石邀请毛泽东出席了各界召开的庆祝集会。

利用和平谈判的间歇，9月10日，毛泽东还安排会见了许德珩、劳君展夫妇。许德珩与劳君展上午8点出门，9点步行到达红岩嘴八路军办事处。阔别二十多年，故友相逢，分外高兴。毛泽东一手拉着许德珩，一手拉着劳君展，说："想不到我们在这里见面了！"毛泽东满怀深情地回忆起与劳君展在湖南组织新民学会和驱逐军阀张敬尧的往事，与许德珩谈起在北大时的情景……畅谈间，毛泽东风趣地说："你们知道，我这个人怎么会打仗呢？我是逢山开路、遇水搭桥啊！"

劳君展想起一件事，不禁问道："润之先生，您初到陕北的时候，我们曾买了一点吃的用的东西送给您，收到了吧？"

劳君展的话，不经意翻开了一笔尘封九年的"旧账"——原来，1936年初冬，许德珩、劳君展与周炳琳、魏璧夫妇，听北平中共地下党负责人邢西萍（徐冰）和夫人张晓梅说，由于国民党的封锁，红军长征到达陕北之后，物资供应困难，日用品匮乏，尤其没有布鞋穿，大家都穿草鞋……他们听了，当即决定拿钱去买些日用品和食品送给毛泽东。邢西萍说，恰好有一辆车要去延安，要送东西最好赶快去买。

许德珩不仅与北大法学院周炳琳教授是好友，劳君展与魏璧女士也素以姐妹相称，关系非常亲密。当年在长沙，劳君展与魏璧曾一起参加毛泽东组织的新民学会。1921年，劳君展、魏璧赴法勤工俭学，毛泽东在上海半淞园给她们饯行，并合影留念。留学期间，她们还经常与毛泽东通信。

当时，周炳琳教授家住北平东城史家胡同，离东安市场较近。那天，劳君展与张晓梅一同先到史家胡同，然后与魏璧各乘一辆洋车，来到东安市场。她们选购了三十多双黑面白底的布鞋、十二只怀表，还有十余只金华火腿。

东西送走时，张晓梅问：要不要毛主席亲笔收条？劳君展和魏璧连忙说：这么一点东西还要润之先生打收条？

……

毛泽东听了劳君展的话，恍然大悟，说："哦，那些东西原来是你们送的呀？早收到了，他们吃了，用了，我也吃了。多谢！"

1983 年，中共中央文献研究室整理编辑《毛泽东书信选集》时，发现了毛泽东 1936 年 11 月 2 日为此事写的信：

各位教授先生们，

收到惠赠各物（火腿、时表等），衷心感谢，不胜荣幸！我们与你们之间，精神上完全是一致的。我们的敌人只有一个，就是日本帝国主义。我们正准备一切迅速地进到团结全国，出兵抗日。我们与你们见面之期已不远了。为驱逐日本帝国主义而奋斗，为中华民主共和国而奋斗，这是全国人民的旗帜，也就是我们与你们共同的旗帜！谨致

民族革命的敬礼！

毛泽东
十一月二号

毛泽东在陕北写给"各位教授先生们"的信函

在红岩嘴八路军办事处的叙谈中间，许德珩还向毛泽东介绍了九天前召开的九三座谈会的情况。毛泽东勉励许德珩，要把座谈会搞成一个永久性的政治组织。许德珩担心人数少，毛泽东说："人数少不要紧，你们都是代表性人物，经常在报纸上发表发表意见和看法，不是也起很大的宣传作用吗？"

毛泽东的鼓励，增强了许德珩要将九三座谈会建成一个永久性政治组织的信心。

通过43天的重庆和谈，毛泽东成为此番国共博弈的最大赢家。中国共产党在全中国乃至全世界表现出的良好形象、以大局为重的和平姿态，深获民心，影响深远。正如毛泽东回到

延安之后所说，已经达成的协议虽然是纸上的东西，但是
"有了这一纸空文还是比没有好……国民党再发动内战，他们
就在全国和全世界面前输了理，我们就更有理由采取自卫战
争，粉碎他们的进攻"。

6 不辞劳瘁的民国耆宿

就在毛泽东赴重庆谈判之前，1945 年 7 月初，宝塔山下
的延河边，出现了一行特殊的客人，让黄土坡上的乡亲们睁大
了好奇的眼睛。他们看到，其中有位瘦弱的老者，身着长衫，
操着浓重的浙江口音，在街头店铺与人交谈，了解延安的生活
和物价……这位老者不是别人，他就是在中国政坛大名鼎鼎、
勋誉卓著的褚辅成先生。夏日炎炎，这位国民党元老，怎么不
辞辛苦，跑到偏远的陕北来了？事情还得从两个月前国民党召
开的六大说起。

1945 年元旦，褚辅成与黄炎培等 60 余位社会知名人士联
名发表《对转挨当前时局献言》，号召各党派加强团结，迎接
抗战胜利，进行国内和平建设。然而，5 月，国民党六大决
定，年底召开一党包办的"国民大会"，用以抵制中共和各民
主党派建立民主联合政府的主张。中共发表声明，宣布不参加
即将召开的第四届国民参政会，以示反对。

国共两党的尖锐对立，使褚辅成深为忧虑。在宪政实施协
进会讨论时，褚辅成强调宪法必须在全国和谐一致的空气中产
生，并招黄炎培、冷遹、左舜生、章伯钧、傅斯年、王云五等

商讨。6月2日，褚辅成等七位参政员联名致电毛泽东和周恩来：

> 延安毛泽东、周恩来先生惠鉴：
>
> 团结问题之政治解决，久为国人所渴望。自商谈停顿，参政会同人深为焦虑。目前经辅成等一度集商，一致希望继续商谈……惟有从速完成团结，俾抗战胜利早临，即建国新奠实基。于此敬掬公意，伫候明教。
>
> 褚辅成　黄炎培　冷　遹　王云五
>
> 傅斯年　左舜生　章伯钧　巳冬

6月18日，毛泽东和周恩来复电，邀请褚辅成等来延安商谈。电文如下：

> 褚慧僧、黄任之、冷禦秋、王云五、傅孟真、左舜生、章伯钧诸先生惠鉴：
>
> 来电收悉，诸先生团结为怀，甚为钦佩……倘因人民渴望团结，诸公热心呼吁，促使当局醒悟，放弃一党专政，召开党派会议，商组联合政府，并立即实行最迫切的民主改革，则敝党无不乐于商谈。诸公惠临延安赐教，不胜欢迎之至。何日启程，乞先电示。扫榻以待，不尽欲言。
>
> 毛泽东　周恩来　巳巧

7月1日，征得蒋介石首肯，褚辅成等六位参政员（王云五因病未能成行），在王若飞陪同下，乘美国驻华大使赫尔利提供的专机，飞抵延安。

73岁的褚辅成，乘小飞机一路颠簸，到延安后，虽感身体不适，仍勉力同中共领袖进行商谈，往来酬酢。黄炎培在《去延安》一诗中赞道："七十三岁的高龄，为了心头的责任，褚老先生说：'走一遭算什么，这老命还得一拼。'"

对于褚辅成一行的到来，延安方面可谓做足了准备。不仅毛泽东、朱德、周恩来等中共领导亲自到机场迎接，而且招待之热情周到，"出人意外"。

经过几番洽谈，六位参政员带着中共起草的《延安会谈纪要》返回重庆，面呈蒋介石。

1945年7月5日六位参政员结束延安访问，毛泽东、朱德、周恩来等到机场送行。右三为褚辅成

在蒋介石三次电邀毛泽东到重庆谈判，未见即允的情况下，8 月 25 日，褚辅成又病中致电蒋介石，建议电邀周恩来速偕中共代表来渝商谈："病中阅报载钧座与毛泽东往还电文及朱德发来铣电，无任忧惶……查中共建议本有先开预备会议一款，似可采纳……团结民主之目的的相同，当无不可解决之问题。化干戈为玉帛，在此一举，如蒙嘉纳，国家幸甚。"

8 月 28 日，毛泽东、周恩来、王若飞来到重庆，进行和平谈判。褚辅成等六位参政员于 9 月 5 日，假座中央研究院，设宴招待毛泽东一行，答谢在延安受到的礼遇……

随着历史烟尘的飘散，褚辅成等六位参政员远赴延安，为国共和谈奔走斡旋之事，也渐淡远。只是近年以来，黄炎培在延安与毛泽东关于国家兴亡周期率的"窑洞对"，成为时议，却不知那不过是此行的一个花絮。尽管对于他们的延安之行，无论当时还是今天，评价都是有些不屑，不是说成"单纯由几个人藉感情"的行动，就是中间党派"没有完成初衷的一次失败"。甚至罗家伦还略带讽刺地劝说傅斯年："不要和蟋蟀一样，被人一引就鼓起翅膀来。"然而，在这历史走向瞬息万变的关键时刻，褚辅成等人本着"良心的使命"，不顾盛暑长途、不计个人毁誉、不避成败利钝的这番努力，无疑强化和扩大了吁请两党团结的舆论压力，对蒋介石的独裁反共政策起到了一定的遏制作用。同时，对于蒋介石电邀毛泽东和毛泽东亲赴重庆谈判、国共达成《双十协定》，附带产生了政治协商会议，也都起到了穿针引线的铺垫和助推作用，自有其积极意义存在，是不该忽视和一笔抹杀的。

褚辅成，字慧僧，1873年5月生于浙江嘉兴。戊戌变法失败，褚辅成遂绝意于仕途，东渡日本，入法政大学学习。同盟会在东京创立，褚辅成宣誓入盟，与孙中山"深结纳"。后奉命回国，担任同盟会浙江支部长，结交志士，筹划革命。

皖浙起义失败，徐锡麟、秋瑾先后牺牲。褚辅成潜至杭州秘密安葬秋瑾，并乘机聚商革命策略。议定全力策动新军反正，成为浙江反清革命的重要转折。1911年10月，武昌首义成功，褚辅成与陈其美等领导浙江起义。杭州光复，成立浙江军政府，褚辅成任政事部部长，总揽民政、财政、交通、外交、教育、实业各部门。孙中山在南京就任临时大总统，成立民国临时政府，褚辅成改任浙江民政长。

袁世凯阴谋复辟帝制，褚辅成领衔弹劾，成为袁世凯的眼中钉。袁下令解散国会，褚辅成束装南下，遭袁世凯的心腹皖督倪嗣冲拘押安庆狱中，三年不屈。

1916年8月，褚辅成响应孙中山号召，率沈钧儒等部分国会议员南下护法，任非常国会副议长，选举孙中山为护法军政府大元帅。两年后，孙中山辞大元帅职，褚辅成随孙中山离粤至沪。奉孙中山之命，长途跋涉赴云南，动员唐继尧统率滇军参加北伐。

直系军阀曹锟贿选总统，褚辅成为拒贿议员之一。

1925年，褚辅成与沈钧儒在上海推动浙江自治，与蔡元培等筹划苏浙皖三省自治。北伐军攻克杭州，褚辅成任浙江省政府委员兼民政厅长，代理浙江省政府主席。蒋介石在上海发动反革命政变，褚辅成、沈钧儒被检举为共产党，同时被捕，险被枪决。

1926 年，褚辅成与章太炎、王宠惠、蔡元培、于右任等发起成立上海法科大学。后改为上海法学院，褚辅成终其一生任院长。除了兴办教育，培养人才，褚辅成还致力于开发实业，创办嘉兴禾丰造纸厂。领导全浙公会，团结浙人，奖兴工业。

九一八事变后，褚辅成坚决站在了抗日救亡的前列。他南北往来，组织抗日后援会，支援前线。1937 年，浙江沦陷，褚辅成只身奔走浙东各地，宣传抗日救国，不遗余力。

1938 年，国民参政会在武汉成立，褚辅成被遴选为代表浙江省的参政员。在历次参政会上，褚辅成就改善征兵工作、实行乡级自治、改善各级行政机构、实施外贸国营、紧缩通货、平准物价、严禁鸦片等事，提出了许多重要议案。

表面看去，褚辅成先生温文尔雅。然而，他性格坚韧，追求真理近乎固执。他以廉自励，言不及私，有限的家资，多用于济困扶危，具有坚贞不贰的冰雪情操。

因他是"党国元勋"，蒋介石曾亲自登门贺寿。褚辅成却在生日的前一天躲到乡下去"避寿"。由于褚辅成屡谏直言，惹得蒋介石只好敬而远之。

褚辅成一旦信奉孙中山先生"联俄、联共、扶助农工"三大政策，就坚决贯彻到底。认准了只有国共合作国家才有前途，就力倡团结，反对摩擦。

1946 年 1 月，重庆《新华日报》发表的那条"学术界举行九三座谈会，决定筹组九三学社"消息，开头就是："褚辅成、许德珩、税西恒、张西曼诸氏，邀请重庆学术界人士举行九三座谈会。"文中特别提到，"褚辅成声明是以前上海法学院院长的身份出席"，他"警告大家要小心提防某种分子假借民意，破坏民主宪政运动"。

透过这段消息，可以看出，褚辅成抛开党国元老资格，是以非党非官的超然姿态跻身学界；民主宪政，是褚辅成一生为之奋斗的目标，此番筹组九三学社，意图无他，仍是为了倾力推进民主宪政在中国的实施。

不久，《双十协定》即遭蒋介石撕毁。褚辅成的警告"提防某种分子假借民意，破坏民主宪政运动"，竟然一语成谶。

1939 年 9 月重庆《新华日报》发表褚辅成呼吁
巩固各党派团结反对妥协投降的谈话

二 慷慨赴国忧

八年抗战终得胜利，人民祈盼化剑为犁，重整家园，从此过上和平安宁的日子。然而，国民党独裁政府倒行逆施，贪污腐败公行。甚至冒天下之大不韪，悍然发动全面内战，军费激增，造成恶性通货膨胀，物价暴涨，迅速将刚刚摆脱日本帝国主义铁蹄蹂躏的中国，重又推入苦难的深渊。同时，把原属自己营垒的进步人士，彻底推向了对立面。

正如九三学社留平同人对时局发表的意见：我国当今的一切，已至山穷水尽的局面，政治上的混乱与腐化，外交上的偏袒与俯仰由人，经济上官僚买办统治，已走进总的崩溃泥坑。

九三学社一经宣告成立，就立即投入到争民主、反独裁，争和平、反内战，争人权、反饥饿的革命斗争洪流中，坚定地与中国共产党站在了同一战线。

1 踊身激流

战后复员，九三学社社员陆续离渝。中央大学在南京复校后，梁希、潘菽、张西曼、金善宝、涂长望等教授，相继回到南京。褚辅成等人也将返沪，许德珩则有意在新学期接受北京大学的聘请，到北平任教。

为了加强九三学社的联系，不致因复员而解体，1946 年 5 月 12 日，九三学社假座重庆兰园——税西恒家中，召开了第一次理监事联席会议。褚辅成、许德珩、税西恒、吴藻溪、侯外庐、张雪岩等十余人出席。会议由税西恒主持，推举了常务理、监事，研究了社员分散后如何在全国开展活动的应对之策，讨论了任务与时局，通过以下决议：

    （一）设总社于京沪区，设分社于重庆、武汉、成都、昆明、香港、广州、北平、天津及英国伦敦等地。

    （二）推褚辅成、许德珩、税西恒、张雪岩、潘菽、黄国璋、吴藻溪为常务理事，卢于道、詹熊来、梁希为常务监事。

    （三）要求立即停止东北及其他各地内战，取消党化教育……

两天之后，许德珩自重庆飞抵北平，下榻北京饭店，会晤徐冰，决定应聘北京大学教授。

盘桓北平半月，许德珩搭乘李宗仁的飞机前往南京。在南京稍作逗留，抵达上海。6月12日，九三学社上海分社成立，为许德珩举行了欢迎座谈会。6月18日，许德珩从南京乘机返回重庆——此时，劳君展仍在重庆女子师范学院担任院长。

国内局势愈发糟糕。九三学社有感于"内战愈演愈烈，经济濒于崩溃，民生困苦已极"的危局，痛心疾首，面向国内国际，发表了一系列反独裁、反内战的宣言和意见，与蒋介石政府针锋相对地进行斗争。

1946年6月23日，上海十万民众举行"反内战要和平、反对美帝国主义干涉中国内政"的示威大会，推选马叙伦等11人为和平代表，赴南京请愿。代表到达南京下关车站时，遭到国民党特务的围攻殴打。九三学社6月26日发电慰问，抗议特务的流氓行径，并在报刊发表《九三学社致南京受难人士慰问电》和《九三学社发表对时局意见》。

民盟中央委员李公朴、闻一多先生被刺遇害，九三学社对国民党反动派的卑鄙凶残痛恨殊深，集会抗议，并电唁李、闻家属。7月28日，重庆各界举行追悼李、闻大会。许德珩作为发起单位之一的九三学社代表，参加了主席团陪祭。

9月3日，是抗日战争和国际反法西斯战争胜利一周年纪念日，也是九三学社筹建组织一周年。九三学社在渝社员聚会，同日在报刊发表了《为国际民主胜利周年纪念宣言》，提出国共双方应立即全面停战，从速召开政协综合小组会议，切实保障人民自由，严惩战犯、汉奸等六点意见。

国民党准备召开一党包办的国民大会。褚辅成、孟宪章、

1946 年 9 月 3 日重庆《新华日报》发表九三学社
《为国际民主胜利周年纪念宣言》

许德珩等被宣布为国大代表。1946 年 10 月 24 日，九三学社再次聚会，以褚辅成、王卓然、张西曼、许德珩等具名，草拟《九三学社发表对时局六点意见》，寄送重庆《民主报》发表。认为"任何一隅的内战行为皆为违反民意，夸称胜利均属可耻。吾人要求蒋主席立即回京，下令停止内战，负责主持和平谈判，以求真正的和平民主之实现"。

10 月 27 日，九三学社重庆分社成立。三天后，许德珩即携子女从重庆飞抵北平，到北京大学法学院政治学系任教。

1946 年 11 月 15 日，国民代表大会即将召开。面对邵力子、雷震催促赴会的电报，11 月 13 日，许德珩与周炳琳约见《大公报》记者徐盈、彭子冈，以"周炳琳、许德珩二教授发表时局观感"为题，发表严正声明，拒绝参加国民大会。

1946 年 12 月 24 日，北平发生美国士兵强奸北京大学女生沈崇的事件，激起全国人民的愤怒。许德珩、袁翰青联合北京大学 48 名教授，发表《为沈崇事件致司徒雷登大使抗议书》。几十个大城市约 50 万学生，相继罢课和示威游行，反美抗暴斗争的怒涛席卷全国……

说到这里，有个问题需要提出：《九三学社简史》以及有关转述，都有"九三学社重庆分社成立后，总社迁往北平"的说法。《九三学社简史》甚至把第五章概称为"九三学社总社在北平的活动"。这个说法，实际上是错误的。

九三学社成立之初，不仅没有规章制度，也无档案资料保存。《九三学社大事记》的早期记载，则是追记而成，非但于一些史实语焉不详，甚至存在"遥体人情，悬想事势"的笔法。

关于"总社"问题，九三学社第一次理监事联席会决议说得明白："设总社于京沪区，设分社于重庆、武汉、成都、昆明、香港、广州、北平、天津及英国伦敦等地。"这个"京"乃是南京，而非北京，北京时称"北平"。

另外，还有以下几点：

（1）持"总社迁北平"说者，是以许德珩行踪为指向，但是，1987 年中国青年出版社出版的《为了民主与科学——

许德珩回忆录》中，却无一处说"总社迁到了北平"。

（2）据当时报刊及有关资料所载，许德珩等社员在北平的活动，则以"九三学社留平同人"自称。

（3）许德珩多次为总社设于何处问题，征询上海方面意见。1947年3月18日，许德珩致笪移今信函便是明证：

> ……弟又生病，现幸略好……此间昨日大家有两意见：（一）九三总社究应设于何处？因此一问题不确定，进行上殊多滞碍，即如几次平方朋友所拟之稿，未能征询沪友之意见即作为九三意见而发表（此次亦然），若不是朋友相知甚深，很可能生出意见！对于总社的地方问题，拟请沪上朋友讨论……

而据《中国党派》一书记述："该社在重庆成立，国府迁都后，政治中心东移，始迁往上海，仍于重庆设立分社。"——则认为九三学社总社迁到了上海，也绝非北平。

2　愿为民主实现拼老命

1946年5月28日早晨，忙碌的重庆朝天门码头，一艘客轮正在鸣笛起锚，这是国民政府拨给冯玉祥将军夫妇及其部属复员用的专轮——民联轮。褚辅成先生也在这艘轮船上。望着江雾弥漫的山城渐渐远去，挥别八年西南动荡的生活，褚辅成胸中百感交集，正不知等在前路的将是怎样的光景。

民联轮 5 月 28 日起航，6 月 1 日到达汉口，4 日抵南京。据重庆《新华日报》报道，本来承载 400 人的轮船上，竟搭载了 823 名乘客。除了冯玉祥夫妇及李济深、邹鲁、褚辅成、王宠惠以外，还有许多文化界民主人士，如谭平山、张雪岩、侯外庐、徐悲鸿等。七天的航程，船上充满民主团结的气氛。张雪岩与陆慧年还临时编辑了一张油印刊物《民联日报》，发表从电台收到的新闻以及船上的动态。船上每天举行各种集会，冯玉祥、李济深、褚辅成都曾作了演讲。

褚辅成演讲时说："目前的中心是内战问题，不能为人民谋福利的国家，人民自然不爱护，君之视民如草芥，则民之视君如寇仇，是一定的。"褚辅成表示愿为民主实现拼老命到底。

从 1938 年 66 岁起，褚辅成每逢生日，都作诗一首。到 1945 年 73 岁，辑成《抗战八咏》，其中多有"但愿此身偕日亡""与日偕丧期渐近"等要与日寇拼老命的诗句。日本败降了，今天的头号寇仇变成了压迫人民的独裁者。为了中国的和平民主，74 岁的褚辅成，抖擞精神，再上战阵了。

褚辅成登舟离渝之前，5 月 12 日，出席了在税西恒家中召开的九三学社第一次理监事联席会议，被推选为常务理事。

一个月以后，九三学社上海分社成立。褚辅成、孟宪

抗战时期的褚辅成先生

章、吴藻溪、笪移今、陈乃昌、孙荪荃、徐甫等 7 人为理事，共推褚辅成为主任，笪移今为秘书。

在上海，由于褚辅成德望甚高，振臂一呼，四面响应，使得九三学社很快便与上海各界民主力量紧密联合起来，并肩战斗。反独裁、反内战、反对一党独办国大的声势，一浪高过一浪。在发起和推动"反美扶日运动"中，上海分社尤其发挥了重要的主导作用。

抗战胜利后，美国为了使日本成为远东地区反苏反共的战略基地，竟然撕毁《波茨坦公告》，扶植日本法西斯势力复活。针对这种国际动向，1947 年 7 月，孟宪章在《大公报》上发表了《急管繁弦愈逼愈紧的日本问题》，引起各界关注。

褚辅成对于美国扶植日本法西斯势力，亦深感忧虑。7 月下旬，褚辅成召集九三学社上海同人假北京东路缫丝业公会进行座谈，一致决定成立"对日问题座谈会"，联络上海民主党派以及各方面人士，共同努力，在上海和全国掀起"反美扶日运动"。

8 月 3 日，褚辅成领衔在《大公报》上发表《我们关于对日问题的意见》，指出"鉴于美国对日管制之失当，致使日本法西斯势力重新抬头……望全国同胞提高警惕，团结御侮，发愤图强"。在《意见》上签名的还有孟宪章、王造时、笪移今、臧克家、吴藻溪、孙荪荃等 15 人。

一个月后，褚辅成再次领衔在《大公报》上发表《我们关于对日合约的主张》，提出 14 点意见。

经过"对日问题座谈会"多次声明和号召，1948 年 6 月，包括九三学社梁希、潘菽、金善宝、笪移今、孟宪章、吴藻溪在内的 282 名民主人士共同签名发表了《对美国积极助日复兴的抗议》。"反美扶日运动"在全国各大城市展开，成为国统区人民孤立美蒋反动派的一个重要运动。

正如许德珩在孟宪章所著的《中国反美扶日运动斗争史》序言中所说：

> 九三学社社友褚辅成、孟宪章、吴藻溪、笪移今诸同志在上海发起"对日问题座谈会"，所发生的事迹与所发表的宣言，不仅友邦苏联均有广播，即欧、美报章亦常摘要报导，而美帝在远东的仆从国家如菲、澳等地，受中国这一运动的影响，也曾卷起反美扶日的浪潮。此一汹涌澎湃的运动，在当时是起了相当的作用的。

为了制止蒋介石一党独办国大，1946 年 11 月 10 日，国大代表褚辅成、孟宪章、谭平山、李济深联名致书国民政府，要求缓开国大。褚辅成又于 13 日对《大公报》记者发表谈话，提出在各党派一致参加的情形下再召开国大。

大会期近，秘书长王世杰专程到上海促驾。一周后，褚辅成怀着再次敦促国共和解、实现政协决议精神的良好愿望，赴南京与各方面交换意见，力图挽回僵局。

许德珩闻知褚老与孟宪章到南京赴会，立即由北平致电上海分社阻止。笪移今接电后，马上致书褚、孟，陈述利害。褚辅成看到国民党当局一意孤行，势不可挽，甚感失望，遂与孟宪章中途退会返沪。自此，褚辅成的身体状况大不如前。

1947 年 1 月 1 日，国民政府正式公布《中华民国宪法》，立即遭到中共、民盟、九三学社以及各界人士的谴责。同日，上海《文汇报》载，上海 11 个团体联合发表声明，指出："我们坚决地主张，立即停止战争，恢复和平，根据政协决议的精神，重新召开政协会议，成立真正民主统一的联合政府……"褚辅成就是联合声明的发起者之一。

1947 年 5 月 4 日，九三学社在上海《时代日报》发表《纪念"五四"宣言》重申：

> 缘本社之成立于"五四"，是经过一番考虑的。"五四"的精神是科学与民主，那精神与我们的主张适合。因为主张民主，所以我们反对独裁、反奴性、反帝国主义侵略。因为主张科学，所以我们反盲从、反复古、反一切的封建作风。我们深信，挽救目前中国，要在实行民主，努力科学，而其先决问题，是在停止内战，恢复和谈，从民主的团结，救人民于水火，否则一切都谈不到。

1947 年下半年，国民党当局对民主人士的迫害愈益露骨。褚辅成在家中邀请沈钧儒、王绍鏊、冷遹、楚图南、王造时、孟宪章、笪移今等交换意见，希望作最后的努力，以缓和"乱杀、乱打、乱捉人"的恐怖局面。

当听到国民党当局宣布民盟为非法团体的消息时，褚辅成极为愤慨。他一方面设法保护周新民、楚图南等人的安全，一方面亲访杜月笙等人，要他们出来说话。同时，加紧推动唯一能够公开的"反美扶日运动"，从侧面反抗蒋介石政权的反动暴行。

楚图南离沪去港后，上海法学院代院长褚凤仪（褚辅成之子，九三学社社员），仍按月将工资送到楚图南的家中，直至上海解放。

1948 年 3 月，褚辅成病笃。孟宪章、笪移今最后一次去看他。褚辅成勉力坐起，在准备发表的《针对美国积极助日，中国应有对日政策》文稿上，郑重签下自己的名字。

一生不遗余力推进民主宪政，"只知有国宁知党"，自称"生平但愿做大事，不愿做大官"的褚辅成先生，临终遗嘱，仍殷殷以民主宪政相期：

> 余早读儒书，志存报国，五十年来，无敢间息。所憾国家多故，外患迭乘，忠义仅存，涓埃无补……现当国事蜩螗，兆民涂炭，世界大势所趋，非真正民主，实施宪政，无以救国。所期爱国之士，至诚团结，共图国是，永奠邦基。予既以身许国，不事生计，尔辈深体余志，忠心为国，余目瞑矣。此嘱。
>
> 褚辅成
>
> 三十七年三月二日

1948 年 3 月 29 日，褚辅成在上海病逝。先生身后，有人以出席"伪国大"与否，判分泾渭，故不免有褚辅成失足于"伪

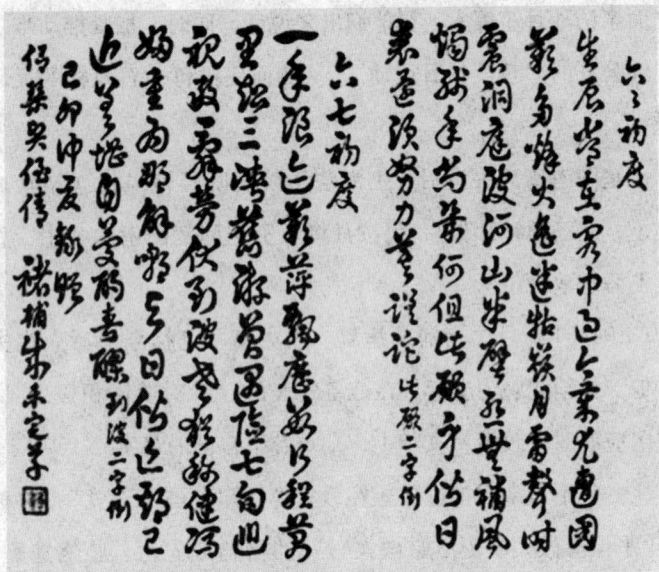

褚辅成《抗战八咏》手稿

国大"之贬。然而，褚老先生此举，明知不可为而为，舍掉老命也要最后一搏，依然是他本着"良心"做事，不计毁誉，赤忱俔公精神的一贯体现。邵力子所撰挽词，可谓知而至矣：

> 报国誓始终，每饭不忘真民主。
>
> 立身重名节，盖棺还是老书生。

3　一座水塔筑成了他的纪念碑

早年，重庆市民饮用水，全靠从江中挑来，费力而不卫生。1927 年春，重庆开始筹建第一座自来水厂，厂址设在打枪坝。担任设计和施工的总工程师，便是税西恒。

打枪坝位于重庆通远门附近，清代曾设驻军炮台，官兵在此演练射击，枪声盈耳，故而得名。水厂选址于此，是因其地势高踞，可凭自然落差向城区供水。5 年之后，水厂建成，大幅度改善了重庆市民的生活。直到今天，阅历重庆变迁 80 年的这座自来水厂，仍然供应着市区 200 多万人的用水。

水厂内，一座高高矗立的水塔，样式别致而精美，是重庆那个年代地标性建筑和风景之一。如今，水塔石基下，竹影树荫间，一块风雨剥蚀的墓碑，默默提示后人：设计者税西恒，息灵于此。

税西恒，又名税绍圣，1889 年生于四川泸县。16 岁以前，税西恒在私塾读书，打下了旧学基础。1906 年，他从成都嘉定中学毕业后，来到上海中国公学中学部求学。该校是同盟会的重要据点，具有强烈爱国意识的税西恒，很快便投身到推翻清廷的革命活动中。

1909 年税西恒升入青岛高等学堂，经李石曾介绍，加入同盟会，参加了刺杀摄政王载沣的行动。刺杀未遂，部分同志壮烈牺牲。税西恒装扮成农民，急中生智躲入茶馆，将炸弹塞进茶叶桶内，侥幸得脱。其后，税西恒又参与了京、津、保一带同盟会刺杀袁世凯、良弼、载泽的密谋。良弼被炸身亡，清帝震恐，宣布退位——税西恒与何鲁、唐午园曾撰有《京津同盟会二三事》记其事。

辛亥革命成功，国民革命政府选送一批对革命有功的青年出国留学。1912 年税西恒作为第一批公费留学生，进入德国柏

税西恒

林工业大学学习。除了完成机械系课程，他还选修了矿冶、水利、建筑等学科，希望尽量多学一些科学知识，以便日后报效祖国。第一次世界大战期间，生活极其艰苦，常靠煮土豆糊口度日。但是，在德五年，税西恒没有休息过一个节假日，他的成绩总是名列前茅，受到德国教授和同学的尊敬。1917年，税西恒以优异的成绩毕业，获得德国国家工程师资质，进入西门子电力公司任设计工程师。两年后，税西恒回到祖国，被聘为成都兵工厂总工程师、四川工业学校教授。后又受聘为川南道尹公署建设科长。

1921年，为了筹建泸县济和发电厂，解决工厂动力问题，税西恒四处奔走，筹集资金，甚至变卖自家田产。经过四年的努力，终于在龙溪河上建成水力发电厂。送电那天，县城百姓扶老携幼涌上街头。霎时，万家灯火如昼，泸州城内大放光明。人们欢呼雀跃，把税西恒视为神仙般的传奇人物。这是由中国人自己设计、自己施工建成的第一座水力发电厂，由此，税西恒成为中国水力发电史上第一人。

税西恒生性正直笃实，不喜官场虚应之事。国民政府教育部部长朱家骅，算是税西恒的留德同学。朱家骅请他出任四川省教育厅厅长，税西恒一口回绝。他说自己不会做官，只能教书，愿为国家兴实业、育英才。税西恒相继担任四川甲种工业学校教授、重华学院院长、中国公学大学部校长，为国家培养了许多工科建设人才。

1935 年，税西恒任重庆大学工学院院长兼电机系主任。他多方延揽著名学者来校任教。为解决工具书奇缺的问题，他拿出自己的工资，印制数百册德文《科技手册》，送给师生。

1936 年，他自费约集重庆大学部分教授和学生，涉急流、攀悬崖，对川黔两省的水力和矿产资源进行勘测，如四川省内的龙溪河、大渡河、岷江、乌江、龚滩，贵州的二郎滩，还有合川、铜梁、荣昌、万县、长寿、白沙等。他还会同资源委员会人员，勘测狮子滩、高滩岩等水利工程，查勘灌县都江堰水利工程。1941 年，税西恒任川康经济技术室主任，为川康编制出五年和十年经济建设规划。该规划照顾人口、资源、环境三大问题，符合科学化要求，被誉为"西南建设之张本"。

抗战爆发后，税西恒积极投身于抗日救亡运动，著文发表评论，主张抗战到底，反对分裂，反对投降。

抗战胜利前，税西恒筹建蜀都中学，并任蜀都中学董事长、校长。中共南方局地下党把它作为一个联络据点。税西恒不惧风险，协助地下党开展工作，并在这所学校里为革命培养了数以千计的人才。税西恒办校五年，不但从未拿过一分钱的报酬，反而解囊资助旧币 500 万元，解决经费困难。

1944 年底，经潘菽介绍，税西恒结识了许德珩。参加座谈的人多了起来，雅园容纳不下，地点就改在了打枪坝水厂内的会客室。

据税述之介绍，水厂蓄水池旁建有一幢木结构二层小楼，税西恒加入后，九三学社前辈的座谈有时改在这里。由于当时物资匮乏，作为水厂股东之一，税西恒的经济收入相对宽裕，且水厂还有专门厨师、餐厅，所以他为座谈聚餐提供了必要的条件。抗战胜利后，座谈改在了两路口新村5号兰园。

兰园是税西恒在抗战初期自己设计建成的，三层独幢，颇具欧陆风格。九三学社第一次理监事联席会议，即在这里召开。

1946年1月6日，税西恒与褚辅成、许德珩、张西曼作为召集人，举行九三座谈会，决定筹组九三学社。在1946年5月4日召开的九三学社成立大会上，税西恒与褚辅成、许德珩三人被公推为主席团成员。税西恒向大会专门报告了社费收支账目，他被选为九三学社理事。由于社员多是客居重庆，经济来源有限，筹集经费的担子，自然落在了税西恒的肩上。随后，在九三学社理监事联席会上，税西恒又被推举为常务理事。

税西恒常对他的学生孙恭顺谈起九三往事。孙恭顺说："1945年9月3日中午，西恒师在重庆黄家垭口中苏文化协会餐厅设宴招待座谈会同仁。席间，褚辅成说：'今天是9月3日，是日本投降签字生效的日期，为了纪念这个日子，是否取名九三座谈会？'当时大家一致赞成。"（关于九三学社名称的提议，潘菽、涂长望还各有说法。）

1946年10月27日，九三学社重庆分社成立会在上清寺外交协会召开。许德珩、谢立惠、左昂、税西恒、何鲁、税述之、吴华梓、吴藻溪等20余人到会。会议通过《电贺旧金山中国及远东和平大会》《电请联合国大会讨论非敌国驻兵问题，纠正美国对远东政策》等决议案，推选税西恒、何鲁、谢立惠、左昂、詹熊来、税述之、吴藻溪等 15 人分别为理、监事。九三学社重庆分社成立后，税西恒带领在渝九三学社社员，积极投入了争取和平民主的斗争。

1946 年 6 月 22 日，税西恒与有关教授、学生联合重庆市各界人士 4000 多人集会，呼吁停止内战，实现和平。11 月，税西恒、何鲁、谢立惠等以九三学社重庆分社的名义，与重庆 21 个民主党派和人民团体发出联合声明，呼吁全国同胞团结起来，为制止国民党操纵"国大"召开而斗争。

美军士兵强奸沈崇暴行发生后，1947 年 1 月 6 日，九三学社重庆分社与民盟重庆支部等 15 个团体联合发表宣言，强烈要求立即驱逐美军出境，废除绞杀中国工商业的中美商约，反对一切丧权辱国的政策。

2 月 5 日，渝市抗议美军暴行联合会的学生，出发江北宣传，遭军警弹压。次日请愿，又在夫子池遭到更加恶毒的殴打。在重庆数万学生示威游行的队伍里，九三学社重庆分社的税西恒、谢立惠走在游行队伍最前列。反对美蒋反动派的口号声，回荡在嘉陵江畔。

九三学社重庆分社于 2 月 6 日、8 日联合重庆人民团体，两次发表联合宣言和通电，慰问游行的学生，吁请各界声援学生的爱国运动。

国民党特务多次到税西恒家威胁恫吓，逼迫他到电台发表反共讲话，遭到税西恒的严词拒绝。

重庆警备司令孙元良，与谢立惠是同学。孙元良利用同学关系，请谢立惠出面平息学潮。谢立惠义正词严地说："这次学潮是全国性的，没有哪个人能挑动起来，也没有哪个人能劝说下去。"

1949年11月，重庆解放前夕，有人给税西恒报信，说他上了特务的黑名单，随时都有被抓的危险，要他和家人立即躲避。为了保护社组织安全，税西恒叫他的夫人和女儿，连夜在厨房烧掉了两挑箱存在他家的九三学社文件及有关资料。

4 为天地存正气的数学家

何鲁，今天知道这个名字的人已经不多。若在当年，提起何鲁，学界、政界几乎无人不晓——他既是中国数学界的泰斗，又是辛亥革命的前驱、疾恶如仇的民主斗士。

1946年1月6日，就在决定筹组九三学社的那次座谈会上，大家"交换对政治协商会议意见"，而"何鲁的发言更为沉痛，他慷慨指出，今日的中国，赵高太多，若不予以铲除，将蹈亡秦的覆辙，郑重忠告马歇尔元帅和国共两党及民主同盟各党派领袖，如果要想真正把中国搞好，就必须亲自采访中国在野真正专家学者的公正意见。听众一致报以热烈

重庆大学校园内的何鲁塑像

的鼓掌，历久不息"。当时，延安《解放日报》也刊登了此条消息。

四个月后，九三学社成立，何鲁被推举为监事。

新中国成立，有一次毛主席接见全国政协委员，握着何鲁的手说："你的胆子不小啊！"——足见何鲁的敢怒敢言，是出了名的。

据何鲁先生的哲嗣何培炎回忆，曾经赴法勤工俭学的国家领导人，见到何鲁，还会双手抱拳，尊称一声"老前辈"。

何鲁，字奎垣，笔名云查，1894 年生于四川广安县一个贫寒的农家。何鲁年幼好学，每到夜晚，为了节省灯油，就爬上供桌，借着神龛前的灯亮读书。

1903 年春，何鲁听说成都机器学堂招生，便去报考。不料考场点名时漏掉了他的名字。10 岁的何鲁挤出人群，当众质问为何点名没有他。主考自知疏误，只得对何鲁出题另考。何鲁提笔作文一气呵成，口试也对答如流，主考官惊叹："此神童也！"于是顺利录取。三年学习，各科成绩皆优，被保送到南洋公学。后又转入清华学堂就读。

1910 年暑假，何鲁到天津《民意报》工作，加入同盟会。结识四川同乡税西恒，与闻京津保同盟会密谋行刺袁世凯、良弼、载泽的行动。

1912 年春，南北和谈告成，何鲁回清华继续读书。因不满洋人专权，何鲁写了《声讨清华校长唐国安檄文》，发表于上海《民意报》，被外交部下令开除。

这时，李石曾、吴玉章、吴稚晖等人在北京发起组织了

"留法俭学会"，鼓励青年人赴法勤工俭学，以便"输世界文明于国内"。何鲁作为首批勤工俭学留学生，1912年进入里昂大学深造。1919年，何鲁以优异成绩成为第一个获得科学硕士学位的中国人。

五四运动爆发，何鲁闻之，迅即束囊返国。然而，踏进国门，面对官吏颟顸、民不聊生的现状，何鲁感到只有培养科学人才，才能挽大厦之将倾，振民族之萎靡。于是他公开声明，耻与贪官污吏为伍，拒绝做官，决然选择了"教育救国"之路，开始了长达五十余年的执教生涯。

北伐战争胜利，受南京国民政府委派，何鲁与杨杏佛等人接收东南大学（1928年改为中央大学）。何鲁到校后接任数学系主任。经过熊庆来、何鲁的努力，中央大学数学系规模跃居全国第一。此后，何鲁又先后在上海中法通惠工商学校、大同大学、第四中山大学、云南大学等校担任教授，并兼任教务长、校长等职。

何鲁主要著作有收入"算学丛书"的《虚数详论》《二次方程式详论》以及《变分法》《微分学》等，何鲁为西方近代数学在中国的传播，起了重要作用，被誉为"数学大师"。

何鲁一生培养了许多知名专家学者，如物理学家吴有训、钱三强、赵忠尧，化学家柳大纲，数学家吴文俊、吴新谋等，都曾受业于他。

何鲁在南京高师任教时，发现家境贫寒的学生严济慈才华出众，便经常让严济慈留在家中，供其食宿，把珍藏的法文原版书籍供其阅读，使严济慈很快通晓法文，演算了大量习题，学业猛进。1923 年，在何鲁的支持帮助下，严济慈赴法留学。1927 年，严济慈完成博士学位论文，成为世界上第一个精确测定石英压电定律"反现象"的科学家，也是第一位获得法国科学博士学位的中国人——新中国成立后，严济慈成为九三学社的领导人之一，与恩师何鲁在九三学社初创之时的热血呐喊，可谓渊源自在。

1938 年，华罗庚任教西南联大，完成巨著《堆垒素数论》。原稿送到中央研究院，无人能审。后送教育部，交由何鲁主审。正值盛夏，何鲁栖身重庆一幢小楼上，挥汗审阅。何鲁对华罗庚的《堆垒素数论》大加赞赏，不仅长篇作序，还利用部聘教授的声誉，坚请政府破天荒地给华罗庚颁发了数学奖。

何鲁早在留学法国期间，就创办"学群"团体，后来"学群"并入中国科学社，成为我国早期重要的科学技术团体。1935 年 7 月，中国数学会于上海交通大学成立，何鲁被选为董事会董事。

何鲁的天赋极高，智慧超群，而且生性爽直。面对权贵，何鲁非但不肯"俯仰如桔槔"，反以嬉笑怒骂为常事。指摘弊政，斥腐骂贪，一个钻研数学，擅书法喜吟诗的低眉菩萨，转瞬就会变成怒目金刚。川人性格中那种天不怕地不怕的热烈火辣，被何鲁发挥得淋漓尽致。

1936 年夏天，中国科学社的专家学者在庐山召开年会，恰逢蒋介石在庐山避暑。蒋介石为了笼络这些科学家，设宴邀请。何鲁接过请柬瞟了一眼，看到"奉蒋委员长手谕约请赴宴……"冷笑道:"我这个人生来就笨,吃不来奉谕饭!"然后将请柬撕碎,扔在地上。

抗战期间,重庆成为陪都。何鲁经常指名道姓嘲骂蒋介石,为了让头角峥嵘的何鲁有所收敛,军统头子康泽亲去拜会何鲁。康问:"何先生认为中央军入川以来,哪些地方比刘湘时期为好?"何鲁答:"如水益深,如火益热,何好之有?"康泽追问:"何以见得?"何鲁理直气壮地说:"兵工筑路,劳民伤财,一也;岁征粮超过刘湘,二也;往时我当面斥责刘湘把天府之国的四川搞得民穷财尽,就是因为他养兵太多,剥削过甚所致,谁知今天尤有过之。"康泽语塞,悻悻而去。

1946 年 10 月,九三学社重庆分社成立。何鲁作为理事,与税西恒、谢立惠等带领在渝九三学社社员,展开了有组织的反独裁、反内战、争民主的斗争。

1947 年初,国民党调集兵力,进攻延安。4 月,何鲁等发起"重庆大专学校教授时事座谈会",到会者 200 余人。何鲁首先发言:"二十多年前我就说过,蒋介石做得很孬,要闯大祸;二十年后的今天,我说蒋介石做得更孬,要闯更大的祸,而且祸在眼前!"接着列举国民党政府贪污腐败的种种劣迹,指控其为制造内战的祸首。何鲁的演讲,激起阵阵掌声。原来,早在 1927 年蒋介石大肆捕杀共产党人时,何鲁就公开发表演讲:"蒋介石这一手做得很孬! 蒋介石要闯祸!"

正是由于国民党蒋介石的统治"很孬",才把原属同一营垒的革命进步人士,彻底推向了与之决裂的对立面。

何鲁的言行终于惹恼了当局。1949 年重庆解放前夕,他的名字被列入特务暗杀的黑名单。重庆卫戍司令杨森与何鲁有同乡之谊，看了名单说道：何鲁是个嗜酒的读书人，他是不会造反的。遂把何鲁的名字勾去，使何鲁幸免于难。而黑名单上的人，皆遭杀害……

何鲁身上散发出的浩然之气和可敬可爱的人格魅力，正是中国古来士人的坚贞爱国和独立精神，在天地间的氤氲绵延。诚如一位史学家朋友所说：知识分子精神上一旦失去独立，便无可观。

5　敢遣惊雷上笔端

九三学社成立前后，在报刊上发表的一系列言辞剀切而犀利的宣言、主张、声明和抗议，如同一篇篇战斗檄文，旗帜鲜明，气度非凡。但是，长久以来，很少有人知道出自谁人手笔。

然而，当年刘及辰先生在九三学社中央机关的一次谈话，揭开了谜底。刘先生说："那时九三的一些文稿，多是由吴藻溪起草，大家讨论修改的。"

近来，吴藻溪先生的长子吴维扬，证实了刘及辰先生的说法。吴维扬根据其父吴藻溪的回忆，介绍九三学社在重庆召开成立大会时的情形，他说：

> 大会闭幕时，由主席团宣布：授权许德珩、吴藻溪……代表本社向中外各报各通讯社发布本社成立新闻。散会后，许德珩把上述各项的书面准备工作交给吴藻溪负

责，并约定翌日上午在七星岗中苏文化协会晤面定稿。届时并无修改意见，又把缮写和寄发工作交给吴藻溪。当时除新华日报社及塔斯社、路透社等，都不报导民主党派的新闻。《新华日报》因为稿件多，收到九三学社成立新闻稿及政治主张的文件以后，没有随即刊登，暂缓一两天。许德珩一日数次催促吴藻溪向《新华日报》接洽。

1946 年 5 月 4 日，就在九三学社成立大会上，宣读了由吴藻溪主持的农村科学出版社、南泉实用学校校友会发来的贺电。吴藻溪被大会推举为九三学社理事。在随后召开的九三学社第一次理监事联席会上，吴藻溪又被选为常务理事。

吴藻溪，又名吴涵。1904 年出生于湖北崇阳县，先后就读于武昌楚材中学及省立国学馆。受进步思潮影响，19 岁的吴藻溪参加了反帝大同盟。1927 年，在共产党领导下，回到湖北崇阳从事农民运动。蒋介石发动"四一二"反革命政变，"宁汉合流"，汪精卫大肆捕杀共产党员和革命群众。吴藻溪逃脱捕杀，来到河南开封，在冯玉祥部就任编辑股股长，主编《放足周刊》。

1930 年冬，吴藻溪赴日半工半读，考入东京帝国大学农

吴藻溪

学部。留日期间，吴藻溪加入日共青年同盟，从事反帝爱国活动。1933年夏，吴藻溪被日本警察逮捕，押送回国。

为了提倡自然科学，1934年秋，吴藻溪与唐嗣尧、王良骥等人在北平成立"世界科学社"。吴藻溪担任《科学时报》编译部主任，宣传抗日、宣传科学，拥护中国共产党提出的抗日民族统一战线。吴藻溪积极投入"一二·九"运动，与中国大学政治经济系毕业的抗日民族解放先锋队成员王克诚结为伉俪。

1937年抗战爆发，吴藻溪与王克诚回到故乡崇阳，设立战时乡村工作促进会，开办抗战学校，组织儿童抗敌服务团，发动群众抗日。

在重庆，吴藻溪参加了由董必武、吴克坚、潘梓年、徐冰等领导的中国学术研究会自然组的工作。另外组织重庆自然科学座谈会，积极开展科学运动。在《新华日报》上开辟"自然科学"副刊，公开署名发表了《目前自然科学界的主要任务》《自然科学者起来扑灭汪逆汉奸》《新兴自然科学在中国》《对科学界的热切号召》等文章。

吴藻溪还担任了重庆国立编译馆编译，参与创办中国农村科学出版社、环球出版社、中国科学工作者协会、中国民主宪政促进会。他经常以这些组织或个人名义，呼吁言论出版自由，改善科教人士物质生活。

皖南事变后，吴藻溪与反共逆流作了英勇斗争。他在《新华日报》相继发表《为开展科学运动告全国青年》《完成一千万元劳军捐款运动》等文章，立场坚定地维护中国共产党的抗日民族统一战线。国民党特务打砸《新华日报》营业部，吴藻溪不怕迫害，与熊雯岚一起来到现场慰问报社人员，抗议国民党特务的暴行。

为了广泛发动群众，培养革命力量，吴藻溪在董必武、潘梓年等人的支持下，先后开办了重庆私立农村合作函授学校、重庆私立实用工商专科学校、重庆私立储材农业专科学校、私立西南学院等多所院校。中共地下组织以西南学院作掩护，开展革命工作。彭友今、张友渔、熊雯岚、孟宪章等都曾参加过该校的工作。1947 年 6 月 1 日凌晨，重庆警备司令部派兵包围西南学院，逮捕师生 30 多名，为重庆各高校逮捕最多者。

在两个中国之命运激烈搏斗的日子里，吴藻溪以笔作投枪，接连在《新华日报》发表各类文章，要求国民党立即停止内战，反对国民党一意孤行召开国大，要求美军撤出中国。吴藻溪还以世界科学社、中国农村科学出版社的名义，要求解散国民党特务组织，呼吁美国农民与中国农民一起"共同击败战争贩子"。

1945 年 12 月 9 日，延安召开纪念"一二·九"运动十周年大会，主席团陈伯达、齐燕铭、胡乔木、范文澜、黄华等人，代表延安各界青年，向吴藻溪发出致敬信："先生十年来对青年爱国运动，曾作热情的指导与支援，今日中国青年又在为反对内战，要求和平，争取民主而进行艰苦的斗争，先生复以大无畏的精神，仗义执言，伸张公理，远道闻之，实深感奋。"

本市消息

九三學社，昨日發表對時局的意見如下：

▲九三學社發表對時局意見

民族必須獨立自主

內政非軍事所能解決

一、中國抗戰八年，遍地災荒，人民困苦已極，亟須休養生息，決不能再打內戰。況內政問題，亦非軍事所能解決，任何濫派軍隊，偷為人民帝望，就應立即放下屠刀，實行全面永久停戰，籲請和平調處。

二、中國抗戰目的，為求民族獨立與平等，政府邇來措施，如允許外國在華駐軍捕、內河航行權、公海捕魚權、放棄關稅自主權、堅持國共談判外國公斷權等等，都與民族獨立背道而馳，絕非人民所能容忍，本社同人誓死反對。

1946 年 6 月 27 日重庆《新华日报》发表
九三学社对时局意见

6　风雪万里追自由

张西曼，著名的国民党左派人物。曾任国民政府立法委员、蒙藏委员会委员。中国早期马列主义的传播者。

说起张西曼的亲共拥苏，当时是出了名的。熟悉他的人，都戏称他"西曼诺夫"或"西曼斯基"。抗战胜利，国民政府向他颁发了"胜利勋章"。九三座谈会决定改建九三学社期间，张西曼与褚辅成、许德珩三人被推举出来，担负筹组之责。

1985 年 6 月 29 日，纪念张西曼教授诞辰九十周年座谈会在北京召开。已经 88 岁的潘菽先生，出席了座谈会。会上，潘老回忆说："我同张西曼同志很早就是朋友……在重庆、在南京，我是有许多机会同他见面的。在他面前，使人产生一种火辣辣的、满腔热情的感觉，他待人很真诚，很勇敢。在争取民主的运动中，可以说是很活跃的人，也常参加九三前身的座谈会，这个座谈会没有一定的地方，发生了困难，他总是很积极、热情地帮助我们解决开会的地方，后来九三成立了组织，他也是参加并且是第一届的一个理事……"

张西曼，1895 年出生于湖南长沙，13 岁经宋教仁、谭人凤介绍，加入同盟会。1909 年，张西曼入学京师大学堂，秘密从事反清活动。1911 年，张西曼北赴海参崴，考入俄国东方语文专科学校，攻读政治经济学。

辛亥武昌首义后，年仅 17 岁的张西曼受南方革命政府黄兴、陈英士等委派，越过中俄边境，孤身冒险闯入百里之外的深山老林，说服马贼首领刘弹子（刘玉双），挑选八百精锐，辗转南下，组成北伐骑兵团，编入革命第三师，支援革命。

受俄国十月革命感召，1918 年张西曼再赴西伯利亚考察，研究马列著作和苏维埃制度，开始翻译列宁起草的《俄国共产党党纲》。

五四新文化运动兴起，张西曼分别致函孙中山、蔡元培等，建议成立社会主义研究会，学习十月革命的经验，中俄互助。1919 年张西曼回到北京，与李大钊、陈独秀等组织社会主义研究会。

1920 年秋，张西曼任北京大学俄文专修科教员，并在多所大学创办俄文班，在北京创办中俄大学，出版《新俄罗斯》读本。瞿秋白曾经受教于张西曼。张西曼是中国推动俄语教学的先驱。

1922 年 6 月，陈炯明叛变，孙中山先生被迫转避上海。张西曼第三次谒见孙中山先生，力陈联俄联共主张。孙中山先生参考了张西曼翻译的有关苏俄的各种资料，终于以最大的决心，确立"联俄、联共、扶助农工"三大政策，从而实现第一次国共合作。诚如田汉所撰《张西曼墓志铭》之言：孙中山先生的联俄联共等三大政策，西曼实为建议者之一。

1927 年，北伐军占领武汉后，张西曼南下，任武汉政府政治顾问，兼鲍罗廷外交顾问，担任武昌中山大学法学院院长、俄文法政学系主任。蒋介石、汪精卫先后叛变革命，张西曼拒绝担任武汉国民政府部长，并积极营救武昌中大师生 200 余人出狱。

1939 年重庆遭到日机大规模轰炸，山城化为一片火海。新华日报社经理部被炸毁。而新华日报社收到的第一份慰问函，就是张西曼寄来的。张西曼在《新华日报》上发表了大量诗文，宣传坚持团结抗战和追求民主进步的主张。他与周恩来、董必武、林伯渠、吴玉章等中共领导人关系密切，新华日报社每次举行聚会和招待各界人士，都邀请张西曼出席。

1935 年，张西曼与徐悲鸿等人在南京创建中苏文化协会。抗战期间，迁到重庆的中苏文化协会，经常为中共与进步人士提供活动场所。毛泽东在重庆谈判期间，第一次公开与民主党派和群众见面，就是在中苏文化协会举办的鸡尾酒会上。

曾经在中苏文化协会担任过主任秘书的屈武说："张西老是出名的左派，大家都叫他大炮。他对蒋介石的反共做法不满。他那个人光明磊落，说话很使人感动，很有气派，里外如一，很受周围人的赞扬。中苏文协是革命者的掩护店，是进步活动的大本营，因为它是公开的合法组织，孙中山的儿子孙科当会长……他在中苏文协是老资格，是元老。"

1939 年 1 月张西曼于国际反侵略协会门前

除了大量的著述，1945 年，张西曼在重庆还独力创办了《民主与科学》杂志，不遗余力，弘扬五四精神。一年后被迫停刊。

1946 年 2 月 24 日，中国民主宪政促进会在重庆成立。张西曼任理事长，孟宪章任秘书处主任，许德珩、张雪岩、吴藻溪、孙荪荃、詹熊来等九三座谈会成员分任组织、宣传、农民、妇女等处、会主任，潘菽与中共身份的潘梓年、华岗等也是民主宪政促进会的理事。大会发表宣言，以促进民主政权之建立与民主宪法之实施为宗旨。

抗战胜利，张西曼于 1946 年 4 月离开重庆，随中央大学复员到南京，在俄文系担任教授。他与中央大学教授梁希、潘菽、金善宝、干铎等九三学社社员一起，积极开展了反独裁、反内战，反饥饿、反迫害的斗争。

1946 年底，张西曼应邀到金陵女子大学参加营火晚会。操场上口号声、歌声此起彼伏。张西曼发表演讲："老百姓现在要和平，不要内战！要饭吃，不要饥饿！要民主，不要独裁！"特务闯进会场破坏，张西曼目光炯炯，神情亢奋，毫不畏惧。

1947 年 5 月 4 日，南京各校学生集会，纪念五四运动 28 周年。张西曼不顾血压过高，慷慨演讲。他说："北伐时国共合作多么好，国共好像两只手，两只手共同建设是正常，两只手互相抨击，或者捶殴自己的身躯，那是疯狂，拼了老命我还是反对内战！"

由于张西曼反对一党独办国大，公开号召学生起来和专制独裁的政府作斗争，被开除了国民党党籍，免去立法委员等职务。随后，教职也被解聘，他的名字被列入特务暗杀的黑名单。1948年年底，张西曼在中共地下党的帮助下，离开南京，避难香港……

7 霜天晓角动燕京

北平国会街，北大宿舍深处的一座院落，是药学系教授薛愚的寓所。薛愚回忆，当时九三学社的活动，"经常是采取聚餐的方式，开会讨论问题。我记得在北京大学府学胡同许德珩同志家里开过会，在中南海黎锦熙同志主持的大词典编辑处开过会，其次少数是在石驸马大街师范大学宿舍黄国璋同志家里开过会，而大多数是在国会街北京大学第五院宿舍薛愚家里开会"。

那时，在北平的社员主要有许德珩、黄国璋、张雪岩、黎锦熙、袁翰青、薛愚和劳君展——因在重庆女子师范支持学生运动，劳君展的院长职务亦被解聘，于1947年7月回到北平。

1946年，叶剑英率员来北平，参加由美蒋和中共代表组成的军事调处执行部。不久，美国宣布"调处"失败，叶剑英等即将撤离。1947年2月21日，九三学社留平同人假座薛愚寓所，以家宴形式为中共代表徐冰等人饯行。

第二天，叶剑英在汪芝麻胡同六号陈瑾琨寓所举行答谢宴会。这是薛愚第一次见到叶剑英，薛愚回忆："（叶剑英）给我最深的印象是于军人威武之中有一股可亲的文人气质，他同许德珩、黄国璋、袁翰青等同志握手之后坐下，纵谈起了同国民党斗争的形势……叶将军说，我们虽力争和谈，但对于战争有精神准备。蒋介石虽然有美国撑腰，但他是外强中干。我们一定会胜利。不出两年，我们还会回到北平！叶剑英讲话鼓励大家，并询问了个人的工作和专长。告别时，大家紧紧握手，充满了难舍之情。"

1947 年 1 月 20 日，《新华日报》发表《九三学社留平同人发表时局意见》，文中指出："我国当今的一切，已至山穷水尽的局面：政治上的混乱与腐化，外交上的偏袒与俯仰由人，经济上官僚买办统治，已走进总的崩溃泥坑。"并提出四点主张：

一、从速真实的、全面的停止内战，以求和平谈判之重开，达到合于人民希望的改组政府，反对边打边谈的做法，与换汤不换药的"政府改组"办法。

二、和平团结既为挽救中国之唯一不二的办法，今日政府中主张内战及主持内战之军政人员，应即从速离开，俾和平团结之容易实现。

三、国际关系应本独立自主的立场，平衡发展，反对一面倒的半殖民地的做法。

四、全力救灾，救济公教人员生活，实现政协决议中人民所享受的一切自由权利。

1947 年 5 月 20 日，第四届国民参政会第三次会议在南京召开。许德珩向大会提交了他与褚辅成、沈钧儒、黄炎培、马叙伦等共同签署的大会提案——《停止内战恢复和平案》。会场外，来自京、沪、苏、杭各市的 6000 余名学生，举行了挽救教育危机联合大游行。游行队伍与军警发生冲突，学生遭到殴打，多名学生被捕，造成"五二〇血案"。当日《文汇报》报道，"学生游行发生惨案时，许参政员德珩曾亲往慰问，立于街头学生行列。渠目睹惨状，泣不成声，并疾赴国大会堂向邵力子交涉，请迅即设法打破僵持之局面"。

九三学社北平社员袁翰青、薛愚、樊弘得知"五二〇血案"的消息后，立即联合其他 28 位教授共同发表了《北京大学教授宣言》，支持学生的行动。"五二〇血案"在 60 多个国统区的城市里引发了大规模的学生示威运动，到处可以听到反内战、反饥饿、反迫害的口号声。

在接下来的日子里，九三学社北平社员还在诸如呼吁保障人权，反对国民党政府取缔民盟，抗议国民党飞机轰炸开封，抗议开枪镇压东北来平请愿学生，造成"七五惨案"，以及吁请傅作义顺从民意，谋取北平和平解决等方面，多次发动北平各院校教师，集会讲演，联合发表宣言或声明，开展了一系列坚决而勇敢的斗争。尤其是许德珩、袁翰青、樊弘三位教授，置生死于度外，以不怕做"李公朴、闻一多第二"的大无畏精神，在北大民主广场公开演讲，引起了极大的反响。

1948 年 3 月 29 日，第二届国民大会在南京召开——即"行宪国大"。为了揭露其反动实质，北平各大学和天津南开等五校进步师生，在北大民主广场举行"纪念黄花岗先烈大会"。北平当局出动了铁甲车和全副武装的军警特务5000余人，将北大包围，断绝交通。下午2时许，就在千余青年担心所邀教授们不能如期出席时，许德珩、袁翰青、樊弘三位教授，勇敢地出现在了民主广场上。

许德珩的讲演以"黄花岗革命的意义与教训"为题，抨击蒋介石背叛孙中山先生革命主张而倒行逆施。袁翰青、樊弘也分别以"知识青年的道路"和"两条路"为题讲演，号召"被压迫被剥削的阶级联合起来，以和平的或革命的方式把政权夺回来！"《观察》周刊"北平通信"记下了讲演结束时的热烈场景：

> 讲演完毕后，场中掌声如雷，一个同学出来说："三位教授是我们的好榜样，我提议大家列队欢送他们出校门。"全场欢呼响应，一列壮大的队伍立刻自动地排起来了。三教授踏着坚实的步子向前迈进，同学们歌声响彻云霄，只觉得满场盈溢着热情与生力……

北大三教授的讲演，惹怒了国民党北平当局。北平市党部主任吴铸人以杀人相威胁的言论见于报端，激起国内外强烈抗议。北大、清华、燕京、师院等校90名教授联名发表《对吴铸人谈话之驳斥与质询》。南京梁希、潘菽、涂长望等教授以中国科学工作者协会的名义，投书《观察》周刊，抗议北平当局迫害三教授。旅港人士郭沫若、沈钧儒、马叙伦等 150 余人相继致函声援。侯外庐向世界学术界发出了题为《谁敢制造第二李闻事件》的诉帖。这一文化教育界与北平当局的激烈斗争，持续到四五月间，被称为"四月风暴"。

"三教授事件"轰动一时。许德珩回忆起这段往事时说："那段时间，我去讲演之前，总是先对君展打一声招呼说，我走了，然后走向会场。我不带家里大门的钥匙，我做好了这次可能无法回家的思想准备。"

三教授之一袁翰青，江苏南通人。1929 年国立清华大学毕业后，留学美国，获哲学博士学位。1933 年回国，在中央大学任化学系教授。抗战爆发，袁翰青奉命调往西北兰州，负责创建甘肃科学教育馆。抗日战争胜利，袁翰青来到北平，在北大任教。袁翰青是中国古代化学史研究的权威，中国科普事业的奠基人。

樊弘教授，四川省江津县人。1925 年毕业于北京大学政治系。1937 年赴英国剑桥大学进修，研究马克思主义经济学。1939 年回国，先后任湖南大学、复旦大学、重庆中央大学经济系教授，中央研究院社会科学研究所研究员。1946 年后任北京大学经济学系教授、系主任。

对于三教授的勇敢行为，有关学者评论："尤其难能可贵的是，在当时中国民主同盟被解散、各民主党派的活动纷纷转入地下或转移到香港的情况下，九三学社的三位教授有勇气在国民党统治区公开发表演讲，号召中国青年走革命道路，这不能不给国民党反动派以极大的震动和打击。"

许德珩、袁翰青、樊弘三教授晚年合影

黎明前的北平，夜残霜冷。国民党当局垂死挣扎，加紧制造白色恐怖。九三学社北平同人不畏强暴，公开与恶势力抗争，呼唤真理与正义，使民主党派战斗的号角，传响在行将破晓的古都九城，牵动人心。

三　跨入新时代

　　1948 年春，人民解放战争进入战略进攻阶段。国民党"行宪国大"政治欺骗破产，民心的天平已经倾向中国共产党。中国共产党审时度势，于 4 月 30 日发出《纪念"五一"劳动节口号》，吹响了彻底摧毁国民党反动统治，夺取新民主主义革命胜利，建立民主联合政府新政权的冲锋号角。"五一"号召一经见报，各民主党派热烈响应，形成了在中国共产党领导下的新政协运动。

　　人民政协是新中国政治体制的一个创举。政治协商会议的成功召开，奠定了中国共产党领导的多党合作的政治基础，创建了多党合作的理想方式和组织架构。

　　九三学社参加新政协，以《共同纲领》作为自己的政治纲领，从此成为中国共产党领导的多党合作中的重要成员，以崭新的政治面貌，跨入了为社会主义建设服务的新时代。

1 老朋友又见面了

1948 年 4 月 30 日，中共中央发布《纪念"五一"劳动节口号》（史称"五一"号召）。"五一"号召共有 23 条，其中第五条是："各民主党派、各人民团体、各社会贤达迅速召开政治协商会议，讨论并实现召集人民代表大会，成立民主联合政府！"

"五一"号召一经见报，各民主党派纷纷发表通电，热烈响应，很快形成了在中国共产党领导下的新政协运动。

北平和平解放，战争形势很快证实了叶剑英的预见。1949 年 1 月 31 日，解放军进入北平，军管会主任兼北平市长即是叶剑英。果然不到两年，老朋友又见面了。

2 月 12 日，元宵节。北平市 20 万群众举行游行集会，庆祝北平和平解放，盛况空前。当晚，九三学社北平同人又在薛愚寓所聚会邀宴。许德珩夫妇、张雪岩、黄国璋、方亮、袁翰青、俞平伯、孙承佩、李毅、裴文中、曾金宝、董渭川、王均衡、汤璪真、薛愚等 20 人到会。中共代表徐冰、张宗麟出席，与大家欢叙至夜半。

1949 年 3 月 25 日，毛泽东、朱德、周恩来、刘少奇等中共领导人与中共中央机关，从西柏坡迁至北平。许德珩和夫人劳君展接到邀请，与北平各界人士到西苑机场欢迎，并观看了阅兵仪式。当晚，毛泽东在颐和园乐寿殿设宴，许德珩与张奚若、吴晗、谭平山等人在邀。席间，周恩来对许德珩说："楚生兄，这几年你辛苦了。一别两年多，你所做的事我们都知道。"许德珩听了，备受激励。

初夏的香山，已是谷幽树茂，远近一派葱茏。中共中央机关初迁北平，毛泽东就暂住在香山双清别墅。

这一天，刚从城内回来的毛泽东，见到办公桌上有一封来自北平师范大学的信函。打开一看，原来是少时同学、北师大代理校长汤璪真写来的。毛泽东立即拨通了汤璪真的电话。听筒里传来熟悉的乡音，令毛泽东兴奋不已。得悉黎锦熙、黄国璋等湖南师友也都在北师大工作，毛泽东便命驾驱车来到和平门北师大教工宿舍。

汤璪真与毛泽东是少年时期一起在池塘里游泳嬉戏的同学伙伴。1948年年底，汤璪真代理北师大校长，主持校务。此时，解放军已将北平团团包围。南京教育部长朱家骅，与汤璪真是留德同学，他给汤璪真全家准备好了飞往南京的机票，还准备请汤璪真担任教育部某司司长。这些都被汤璪真拒绝了。为了争取北平和平解放，汤璪真冒着生命危险，与全校师生一起参加和平请愿。在他的影响下，北师大很多教授都没有离开自己的工作岗位。

汤璪真一家当时住在和平门内东顺城街师大教员宿舍。宿舍分前后两个院子，前院是傅种孙家，后院是汤家和董渭川家。

毛泽东下车见到黎锦熙，一声"黎老师"出口，眼睛就湿润了。黎锦熙也流下了激动的泪水。自从1919年北京一别，他们师友已经整整30年未见面了。

交谈中，毛泽东得知黎锦熙、黄国璋、董渭川、鲁宝重等都是九三学社成员，甚是欣喜。毛泽东与各位师友纵谈天下事，不知不觉天黑了下来。田家英进来提醒毛泽东该回去了。毛泽东见大家谈兴正浓，就说："再和大家多讲一会儿话，就在这儿吃饭吧，我请客。"汤璪真连忙叫妻子去准备饭，毛泽东坚持不肯。毛泽东掏钱让工作人员从西单菜馆叫来了两桌酒席，分别摆在客厅和旁边的一个房间里。入席时，毛泽东扶着黎锦熙的胳膊说："这里您年龄最大，又是我的老师，哪有让学生坐上位的道理？"谦让再三，黎锦熙才坐了上席。席间，毛泽东向大家一一敬酒，情谊欢畅。

听说毛主席来到了北师大宿舍，许多人挤在汤家门口，希望一睹伟大领袖的风采。毛泽东见外面人很多，索性走出屋子和大家握手。院子里立刻沸腾起来，孩子们拿出笔记本请毛主席签名……直到晚上 9 点左右，毛泽东才起身告别。

此后，毛泽东多次接黎锦熙、汤璪真到中南海叙谈。

黎锦熙，字邵西，著名语言文字学家。1890 年出生于湖南湘潭。1911 年毕业于湖南优级师范史地部。毛泽东在湖南第一师范就读时，黎锦熙正是他的历史老师。不过，黎锦熙的年龄比毛泽东只大 3 岁。黎锦熙学贯古今，学识渊博，毛泽东经常到黎锦熙住处请教。黎锦熙知道这个农村青年求学

黎锦熙

不易，便在生活上时时处处关心照顾他。黎锦熙与杨昌济、徐特立等人创办《湖南公报》《公言》等刊物，常请毛泽东帮助抄写稿件，借此给他一些酬劳。

1915 年，黎锦熙应教育部之聘，到北京任教科书特约编纂员。1920 年开始，先后在北京高等师范学校、北京女子师范大学、北京大学、燕京大学国文系任教。1948 年任北平师范大学文学院院长，兼国文系主任、中国大辞典编纂处总主任。1949 年，与吴玉章、马叙伦等组织中国文字改革协会，任理事会副主席。

从 1915 年到 1920 年，毛泽东曾六次给在北京任职的黎锦熙写信，称黎锦熙"弘通广大"，是"可与商量学问，言天下国家之大计"的良师挚友。黎锦熙则称"得润之书，大有见地，非庸碌者"。

毛泽东来到北京，在北大图书馆当管理员那段时间，成了黎锦熙家中的常客。黎锦熙知道他工资微薄，生活清苦，每逢星期日都会准备一顿丰盛的饭菜，让毛泽东打打"牙祭"。在黎锦熙家，毛泽东第一次品尝到了北方春节饺子的滋味。1920 年 5 月，毛泽东由北京返回长沙，从此开始了职业革命家的生涯，然而，仍时有书信往来。在连年战争、颠沛流离的岁月里，黎锦熙始终保存着毛泽东寄给他的书信和《湘江评论》《新民学会会员通信集》等革命文献，成为研究毛泽东早期革命思想的珍贵资料。

抗日战争期间，黎锦熙随北平师范大学迁往陕西省城固县，后迁兰州。在兰州，经黄国璋邀约，黎锦熙与袁翰青表示同意加入正在重庆筹组的九三学社。1946 年 5 月 4 日，九三学社在重庆召开成立大会，黎锦熙与梁希、何鲁等人被推选为监事。

1948 年年底，人民解放军兵临城下。黎锦熙撕掉根据蒋介石"抢救学人计划"要他南下的通知，对家人说："我要在这里，等一位唐宗宋祖稍逊风骚的伟人哩!"

2 他倒在了新时代的大门前

从 1948 年秋，到 1949 年 3 月，按照中共中央部署，周恩来指示中共华南局和香港工委负责人，通过北南两线，分六批将在南方国统区及香港的各民主党派领导人、民主人士代表，绕过敌人的军事封锁，陆续接送到解放区。各民主党派及民主人士在解放区参观、学习后，于 1949 年二三月间，陆续会聚于北平。在南京的梁希、潘菽、涂长望等中央大学教授，1949 年 4 月初由中共地下党安排，离开南京，由上海绕道香港，于 4 月底安抵北平。

张西曼教授来到北平，则是另辟蹊径。

1948 年年底，处境危险的张西曼，在中共地下党的帮助下来到香港。张西曼向中共党组织提出，希望能够携带家眷一起去解放区。中共南方局的潘汉年，为张西曼制定了陆路北上的路线。于是，张西曼由交通员从广州带到汉口，潜回南京，携带妻女辗转进入中原解放区，受到李先念、邓子恢的热情接待。

张西曼

1949年3月，张西曼抵达北平。4月，张西曼参加了柳亚子召集的有周恩来、叶剑英出席的新南社雅集。6月随团赴东北解放区参观。归后，参加社会科学工作者代表大会筹委会。7月2日出席第一次全国文代会……

就在此时不幸发生了：张西曼猝然倒下，倒在了为之奋斗一生、已然敞开了的新中国大门前——1949年7月10日，张西曼因积劳成疾，身患肺癌不治逝世，年仅54岁。

张西曼教授逝世后，由周恩来、董必武、林伯渠、李维汉、沈钧儒等组成治丧委员会，周恩来亲笔题写墓碑。田汉撰文，李济深书写了墓志。铭曰：

权位不动　威武不屈　反帝反封建　四十年如一日

风雪万里　追自由之光芒　埋骨于此　山岳皆香

……

九三学社发起人中，还有一位在大洋彼岸的美国接到邀请，匆匆返回北平的特殊人物——著名的基督徒学者、爱国民主斗士张雪岩。

张雪岩，1901年出生在山东潍县大常疃村一个贫寒的农

家。1917 年，他在文华中学读
书时，被法国招募到欧洲战场
当华工。5 年的艰苦生活，既
磨炼了意志，也增长了知识才
干，同时，他还熟练地掌握了
英语。1922 年回国后，张雪岩
来到天津正记轮船公司任职。
目睹公司老板勾结外商欺压工
人的情景，张雪岩愤然辞职，

张雪岩

加入了国民革命军的北伐队伍。1930 年，张雪岩考入南京金陵神
学院，毕业后到上海中华基督教会全国总会担任宗教教育干事。

丰富而深厚的底层生活阅历，使张雪岩认识到：中国要想
真正独立富强，3 万万农民同胞的觉醒、文化科学知识的普及提
高，乃是根本问题之所在。于是，1934 年 8 月，他与孙恩三在
齐鲁大学校园内，创办了旨在普及科学文化、提高农民素质的
《田家半月报》。张雪岩任副总编，他在创刊宗旨中说：《田家半
月报》就是种田的人家看的报。《田家半月报》的面世，为半封
建半殖民地统治下封闭的中国农民打开了一扇"窗户"。《田家半
月报》具有普及教育的特点，它用通俗的文字教导农民如何生活，
怎样认识人生，怎样发展农业生产，如何待人接物，如何讲究卫
生……《田家半月报》在齐鲁乃至华北广大地区，深受农民喜爱，
发行量曾达十几万份之多。张雪岩堪称中国为农民办报的第一人。

在办报过程中，张雪岩越来越感到有些力不从心，渴望学
习补充一些新的知识。于是他在 1937 年 8 月，来到加拿大多伦

多大学进修。后转入美国康奈尔大学学习。1940 年 6 月获得康奈尔大学社会学博士学位。1940 年 9 月，张雪岩回国，担任《田家半月报》主编，并被齐鲁大学聘为副教授，兼任社会学系主任。张雪岩还担任了主张抗战、倡导民主、反对独裁的进步刊物《大学月刊》的编辑。他还曾应蒋介石之约，担任过西南五省考察团顾问。其间，张雪岩经常发表演讲，撰写论文，呼吁注重政治民主和科学普及，支持革命和进步力量，极力宣传抗战。

1942 年秋，在抗战更为艰难的阶段，为了慰劳前线将士和救济流亡到大后方的难民，张雪岩积极配合"基督将军"冯玉祥倡导的节约献金救国运动，亲自担任成都市基督徒节约献金救国运动分会主席。仅一次大会，就募得成都社会各界民众捐款1000 余万元。张雪岩利用《田家半月报》的宣传和推动，使节约献金爱国运动波及整个大后方。《大公报》由衷称赞：这次运动规模之大，范围之广，献金之多，情绪之激越，实为古今所罕见。

重庆"校场口事件"发生第二天，人权保障委员会筹备会推举张雪岩与阎宝航、史良、李德全等为代表，面见蒋介石报告事件经过。之后，张雪岩与重庆文化界 152 人联名发表《为"二一〇"血案告国人书》。

在重庆的那段时间，张雪岩结识了吴藻溪、许德珩、税西恒等文化教育界进步人士，参加了九三学社成立之前的筹组工作。1946 年 5 月 4 日，九三学社正式成立，张雪岩被推举为理事。不久，又被推举为常务理事。

1946 年 5 月 28 日，张雪岩搭乘冯玉祥将军复员专用的"民联号"轮船离开重庆。1946 年 8 月，张雪岩随《田家半月

《田家半月报》

报》迁到北平，并在燕京大学、北平师范大学兼任教授。

　　美国士兵强暴北大女学生沈崇事件发生，张雪岩在《田家半月报》上发表了《由美兵暴行说到宗教信仰》，向教会、神父发出严厉的质问："为什么对这种污辱基督欺压善良的罪恶充耳不闻，一语不发呢！""教会的用处在哪里！"他告诫美国在华教会的领袖们："切莫令这两个美国兵把基督在中国的北平重钉在十字架上！"

　　1947 年 10 月，国民党政府宣布民盟为非法组织，勒令解散。在北平的九三学社社员起草了《我们对于政府压迫民盟的看法》的抗议书，在广泛组织知名人士签名后，由张雪岩将稿件亲自送到上海，在《观察》周刊上发表。

1948年年初，张雪岩赴美，作横贯北美大陆的旅行传道讲学。张雪岩在各地讲演中，公开揭露国民党统治的黑幕，阐述政府民主才能受到人民拥护而必成功的道理。

北平和平解放，中共中央向他发出回国共商建国大计的邀请。张雪岩谢绝友人的挽留，立即返回了祖国。鉴于他在基督教方面的资历和影响，张雪岩作为宗教界正式代表，参加了中国人民政治协商会议第一届全体会议，并担任《共同纲领草案》整理委员会委员。

1949年10月1日，张雪岩登上天安门城楼，参加开国大典。看到中华人民共和国的国旗冉冉升起，张雪岩禁不住流下了激动的热泪。

随后，张雪岩参加了一系列宣传报告政协会议的活动。他在《田家半月报》上接连发表热情洋溢、盛赞新政协和新中国的文章。他在《惊天动地的政协》一文中称赞新政协："这不但在中国历史上是一桩伟大无比的新创作，就是在全世界的历史上也是没有前例的。"认为《共同纲领》"是真正民主精神的结晶，这是一个空前的大创造"。

1950年1月28日，由于劳累过度，49岁的张雪岩突发脑溢血，不幸倒在了工作岗位上。

北京南池子箭厂胡同口，扎起了牌楼，2号院门里门外摆满了花圈，灵堂里也挂满了挽联——这里既是《田家半月报》社址，也是张雪岩以基督精神呕心沥血的寓所。1月30日，

《人民日报》第三版刊登了《张雪岩先生治丧委员会公告》。2
月2日举行公祭，政务院副总理董必武主持追悼会，前往吊唁
的国家领导人和首都社会各界人士络绎不绝……

3 参加新政协

1949年6月15日，新政协筹备会第一次全体会议在中南
海勤政殿开幕。尽管梁希、许德珩等人参加了会议，然而，九
三学社却不在23个被邀请的单位之列。

为什么新政协筹备会所邀请的单位，最初不包括九三学
社？周恩来在政协筹备会《组织条例》（草案）的解释报告中
说明了原因："何以原来未邀请九三学社和民主革命同盟（小
民革）？是因为在哈尔滨确定单位时，我们期待这两个团体进
行秘密工作，因此没有邀请他们来参加。已经来到解放区的这
两个团体的许多位，当时是同样参加其他组织，并没有用团体
的名义出现……现在情况不同了，本来二十三个单位已经协商
很久了，考虑到邀请他们，像刚才说的两个团体——九三学社
和民主革命同盟的领导人物，如九三学社的许德珩先生等已经
参加了其他单位，这两个单位在筹备会议中就不邀请了，留待
正式的新政治协商会议中再邀请。"

也正是由于这个原因，中共"五一"号召发表时，九三学
社无法如在香港的其他民主党派一样及时公开发表声明支
持，直到1949年1月26日，九三学社才在北平《新民报》上
发表《拥护新政协宣言》，公开响应中共"五一"号召。

据袁翰青介绍，当时协商，九三学社是打算参加社会工作者协会的，九三学社能够成为民主党派，与黎锦熙有相当的关系：

1949 年 7 月里（此忆似误，另说在 4、5 月间，存疑——作者注），中央统战部副部长齐燕铭同志邀我去北京饭店一间当时统战部专用的房间里。他提出，九三学社应该成为一个党派参加全国政协。他说，毛主席早年在湖南省立第一师范读书的时候，黎老正在那里教历史课。由于我们知道黎老已参加了九三学社，所以我们希望把九三学社作为一个民主党派。据齐讲黎老已经同意了，而许老因为先已作为民主教授的身份准备参加全国政协第一次会议，所以有些踌躇。他劝我去说服许老同意这个建议。后来我找到许老，一再讲了党中央的看法，他终于同意了。

6 月 17 日晚，第一小组在中南海勤政殿召开会议，讨论参加新政协的单位及代表人数。根据周恩来的建议，许德珩提交了由他和薛愚、黄国璋、潘菽、笪移今等五人署名起草的《九三学社概要》。许德珩回忆："由我和其他四位同志署名写了工作报告，又在（黎锦熙主持的）中国大辞典编纂处排印数百份，送交新政协筹备会代表人手一份。"

关于此事，《伟人毛泽东》一书记载：

1949 年 6 月，新政协筹备会议召开时，毛泽东亲自圈定"九三学社"的负责人许德珩参加会议，并要周恩来去找许德珩写一份关于九三学社情况的报告，使之名正言顺地成为我国的民主党派之一。

6月19日，新政协筹备会通过了《关于参加新政治协商会议的单位及其代表名额的规定》。九三学社作为参加新政协的45个单位中的一员，被正式确认为中国民主党派之一。

通过新政协筹备会的分工，许德珩担任筹备会常委会下设的六个工作小组第三组的副组长，周恩来任组长，负责起草《中国人民政治协商会议共同纲领》。

从6月22日起，许德珩辅助周恩来，连续一周，几乎不分昼夜，在中南海勤政殿起草《共同纲领》。经过多次开会，充分听取意见，反复修改，最后交由毛泽东审定。

29日，政协全体会议通过《共同纲领》，周恩来对草案专门进行了说明。有关文献介绍，"没等表决，他的讲话就获得了满堂的掌声。及至表决时，会场上的掌声就如同雷鸣一般"。

《共同纲领》是中国有史以来的第一部人民大宪章，是中国人民近百年来为之流血牺牲的革命成果。体现了中国共产党新民主主义革命的最低纲领，确定了中华人民共和国的国家性质和政权制度，规定了国内各种经济成分的性质和它们之间的关系，还提出了外交、民族、文化教育和人民民主权利等基本政策。在新中国宪法颁布之前，起着临时宪法的作用。《共同纲领》的起草，为新政协的召开奠定了共同的思想基础和政策基础。许德珩亲身参与了《共同纲领》的起草，对于新政协的成员九三学社来说，具有特别重要的意义。

1949 年 9 月 21 日，经过三个月的筹备，中国人民政治协商会议第一届全体会议在北京中南海怀仁堂召开。九三学社以许德珩、黎锦熙、袁翰青、吴藻溪、薛愚为代表（因潘菽随团出访苏联，改由薛愚代替出席），叶丁易为候补代表，出席了会议。梁希、涂长望、张雪岩、孙荪荃、卢于道、樊弘、严济慈等九三学社成员，则以其他界别代表的身份也出席了会议。

**1949 年 9 月 23 日许德珩在中国人民政治协商
会议第一届全体会议上发言**

中央人民政府成立后，民主党派和无党派人士，开始被任命担任各部门领导工作。九三学社梁希被任命为林垦部部长，许德珩被任命为法制委员会副主任，涂长望被任命为中央人民政府人民革命军事委员会气象局局长。已经担任南京大学农学院院长的金善宝，被任命为华东军政委员会农林部副部长。翌年10月，毛泽东主席又签发了中央人民政府第十次会议通过的任命书，任命金善宝为南京市副市长。

另外，袁翰青、吴藻溪、孙荪荃、卢于道等四位九三学社社员，被政务院第三次政务会议任命为首批政务院参事。

4 为人民服务万死不辞

中央人民政府成立以后，政务院总理周恩来提名梁希为林垦部部长。梁希听到提名，甚感不安，写了一张字条请辞："年近七十，才力不堪胜任，仍以回南京教书为宜。"周恩来看后，提笔写道："梁先生：你是认真的人，故临时而惧，我应该向你学习。但当仁不让，你应该向古人学习。周恩来即"梁希看了周总理的鼓励，激动地表示："为人民服务，万死不辞。"

在旧中国，梁希视官禄如敝屣。迈入新中国，梁希以强烈的爱国情怀，勇敢地承担起了这份历史责任。他兢兢业业，守岗如拱璧。这位年近古稀的老人，从此焕发了青春，把一生的抱负和才学都倾注在了"替河山装成锦绣，把国土绘成丹青"，造福子孙后代的林业建设上，成为新中国林业的开拓者之一。

梁希与部内各位同事，皆以赤子之心相待，推心置腹，和衷共济。部党组成员对他也是肝胆相照，共商大计。在梁希和部党组的亲密合作下，迅速建起一支精干的林业工作队伍。

梁希以教书先生从政，担任林垦部部长，最大的工作特点就是"求实"。他非常注重调查研究，1950～1955年，先后6次，用300多天时间亲赴西北、东北及浙江等地林区进行实地考察。其中花时间最多、下功夫最大的是对黄河流域水土保持和林业建设问题的考察。

1950年9月，梁希率领6位林业科技人员，对渭水和小陇山林区进行考察。小陇山林区，道路十分难行。梁希乘牛车，骑毛驴，最后不得不改为步行，连续几天早出晚归，深入现场考察。最后做出一个大胆而富有远见的决定：停建即将开工的窄轨铁路，设立育林实验站，把秦岭林场在小陇山的业务范围扩充到护林造林，调东北枕木支援大西北。梁希向西北党政领导提出陇东地区造林育林和水土保持意见，得到西北军政委员会主席彭德怀的赞赏。

为了考察黄河重要支流的情况，梁希不辞辛劳，先后走遍了汾河、泾河、延河、洛河和无定河流域。梁希把考察的情况，分别写成详细报告，提出了水土保持、造林防沙的初步意见，为制定黄河流域水源林和水土保护林的营造方案，做了充分准备。

梁希深知，要想实现绿化全中国这个远大目标，必须唤起民众共同参与。因此，他不遗余力，利用一切时机和场合，广泛宣传林业的重要性，发动人民群众开展植树造林运动。

1951 年林垦部部长梁希在全国林业会议上讲话

1954 年，新中国第一部介绍森林的纪录片《白山黑水话森林》拍摄发行。梁希在《大众电影》上发表文章，亲自推介这部纪录片。梁希在兼任中华全国科学技术普及协会主席期间，还亲自执笔编写了一本图文并茂的科普小册子——《森林在国民经济建设中的作用》，对森林、森林主副产品在中国经济建设中的作用，深入浅出地作了介绍。

梁希重视青年在绿化祖国中的作用。1956 年得知延安召开五省青年造林大会，他以《黄河流碧水，赤地变青山》为题，在《中国青年》杂志上发表文章，号召青年为实现绿化全中国的美好理想而奋斗。他还给高中应届毕业生写信，介绍林业和林学，热情地号召学生们加入林业队伍，学会绿化荒山、征服黄河，替祖国改造大自然——可见梁希的宣传工作做得多么深入细致，想得多么久远。

1946 年，梁希为中央大学森林刊物《林钟》写的复刊词，早为他的学生和林业工作者所熟知，那就是著名的敲击"林钟"号召："林人们，提起精神来，鼓起勇气来……打钟，打林钟！少年打钟打到壮，壮年打钟打到老，老年打钟打到死，死了，还要徒子徒孙打下去……一直打到黄河流碧水，赤地变青山。"

"黄河流碧水"是中国人几千年的梦想，也是梁希一生的愿望。梁希一生都在为振兴中国林业而不停地敲钟，直到他生命的最后时刻。1958 年 3 月，梁希因发高烧住进北京医院。退烧后，仍坚持工作，并为《人民日报》撰写了最后一篇文章《让绿荫护夏，红叶迎秋》。

1958 年 12 月 10 日，因病情加剧，抢救无效，梁希与世长辞。

梁希去世后，周恩来、彭真、邓子恢、习仲勋、郭沫若、陈叔通、李维汉、许德珩等 36 人组成治丧委员会，沉痛悼念这位我国林学界的一代宗师、新中国林业建设事业的开拓者。

5 新中国气象第一人

1949 年 9 月 21 日晚上，中南海怀仁堂内，毛泽东主席正在第一届中国人民政治协商会议上致开幕词。会场外，一阵急风暴雨不期而至。会场里的掌声与隆隆雷声交相呼应，仿佛上苍也在为这个伟大时代的到来鼓与呼……

然而，气象专家涂长望却有些坐不住了。新中国百废待兴，如何尽快建立和发展起新中国的气象事业，则是他日夜擘画的迫切课题。

1949 年 11 月 20 日，周恩来总理召见涂长望。涂长望就气象局的建制、组织、业务、人员等方面的筹划和建议，做了汇报。12 月 17 日，中央军委发布第 444 号主席令，任命涂长望为中央人民政府人民革命军事委员会气象局局长。

众所周知，军委气象局首先服务的是战争。让一位民主党派人士担纲主其事，足以证明中共中央对涂长望是何等的信任。

面对国民党政府留下的烂摊子，涂长望和他的同事们第一件要做的事，就是制订通盘规划，把新中国的气象站网建

涂长望

设起来，并且使之达到国际标准。

在涂长望的带领下，经过气象工作者的努力，到 1957 年，全国气象台（站）从最早的 70 多个，增加到了 1600 多个，同时还对一些老气象台（站）进行了调整和改进——涂长望对新中国气象事业做出的这一基础性的重要贡献，已经超越中国本土，具有更为深远的世界意义。

从 1956 年 6 月起，全国各地通过电台、报纸，公开发布天气预报。同年，中国科协、国家科委和中央气象局还共同提出了人工降雨试验方案，开始了我国人工影响局部天气的试验。

为了解决气象人员的不足，涂长望开办各种形式的培训班，大力培养气象人才。1953 年，涂长望在原气象干部学校的基础上建立了气象专科学校并亲自担任校长，成为中国有史以来第一所气象高等学校。1955 年 7 月，经陈毅副总理批准，气象专科学校迁往南京光华门外，建成中国人民解放军空军气象学院。之后，涂长望又组建了新的北京气象学校。

涂长望还给自己的学生、在美国芝加哥大学读书的叶笃正、谢义炳等人写信，召唤他们回到祖国，为新中国的气象事业效力。

鉴于中国气象专业力量分散的状况，涂长望和中国科学院的赵九章商量，成立了联合天气分析预报中心，坚持每天预报都有会商，每星期还有一次大会商。但是，由于技术设备落后，20 世纪 50 年代我国天气预报的准确率依然很低，误报漏报现象时有发生。为了提高预报水平，经周恩来总理批准，涂长望设法从英国引进了当时最先进的气象雷达。

1954 年 8 月，全国气象系统完成了建制转移，涂长望被任命为中央气象局第一任局长。涂长望为了推动中国气象事业达到国际先进水平，亲自主持制订五年计划，并规划出 12 年远景蓝图。

1955 年 6 月，中国科学院召开学部成立大会，涂长望被中国科学院聘为学部委员。涂长望以中国科联常委的身份，多次出访欧美。在世界和平运动中，涂长望不仅是气象学家，还是一位出色的社会活动家。

1956 年 6 月 1 日，中国气象情报正式解密。世界各国科学家对中国的气象成就十分敬佩，而亚洲周边国家更是受益匪浅，国际气象合作日渐活跃。

1956 年 10 月，越南、中国、朝鲜、蒙古、苏联五国气象邮电代表会议在北京召开。这是新中国召开的第一个国际气象会议，涂长望担任大会主席。

就在这一年，局党总支书记告知涂长望，他的入党申请已被通过。涂长望听了，激动得说不出话来。涂长望回国后，虽然与党组织失去了联系，但是自从加入英共，他就以党员的标准要求自己了。

1958 年 10 月底，涂长望视察了山西、内蒙古几十个偏远山区的台（站）后，回到北京就病倒了。经医院检查，发现他患了脑干肿瘤。

由于肿瘤压迫视神经，涂长望右眼失明。但是，他还在不断地撰写关于观测、预报、云雾物理、海洋气象、农业气象等

**1953 年涂长望（中）率中国气象代表团访问东欧。
图为在捷克斯洛伐克气象局**

方面的建议书。直至病变累及左眼，涂长望仍不放弃。他请人代笔，口述完成了生命中的最后一篇论文《关于二十世纪气候变暖问题》——直至几十年后，气候变暖才成为气象学家普遍关注并被人们热议的话题。

1962 年 6 月 9 日，年仅 56 岁的涂长望，离开了他一生钟爱的气象事业。郭沫若在《人民日报》上发表诗作《挽涂长望同志》：

> 同君屡次赋欧游，才干堪推第一流。
>
> 肝胆照人风洒脱，心胸涵物韵容休。
>
> 戡天志在争民主，返日戈挥夺自由。
>
> 努力一生无懈怠，令人长忆旧渝洲。

6 社会主义需要拿笔杆子的

1950 年 2 月 14 日，克里姆林宫洋溢着热烈友好的气氛。隆重的签字仪式上，毛泽东与斯大林共同签署了《中苏友好同盟互助条约》。当毛泽东乘专列穿越冰雪覆盖的西伯利亚回到北京时，得知沈钧儒先生领导的救国会已宣布解散，而九三学社也在拟议解散之中。毛主席立即追询中共中央统战部，表达了他不同意九三学社解散的意见。

李维汉马上召集九三学社在北京的社员座谈，转达了毛主席的意见。李维汉言辞恳切地说：“九三学社的朋友在解放以前，是与各民主党派的朋友一样，在反美反蒋及为民主的各项运动上尽了力的。在整个革命当中，是有贡献的……解散这件事，是与中国革命的历史发展不相符合的，我们也希望九三学社继续存在。”

对于九三学社打算解散的原因，许德珩有过这样一番介绍：

……九月间，人民政协召开，九三学社很光荣的列为民主政团之一，参加了政协。可是我们都是一些书生，各人又都有各人自己的工作岗位。政协开过了以后，人民民主政权已经建立，我们最初的目的已经达到，认为此后，只要在本岗位上替国家尽力，不需要组织什么政团。所以去年政协开完以后，九三学社就预备解散，曾经为这件事，开过几次会，并且已经着手草拟解散宣言，南北各地社员多半同意这个办法，我个人也主张这样办。

薛愚回忆：

……救国会已登报声明解散，九三学社是否还有存在的必要？于是我和张雪岩同志商议后，给许德珩主席打了个电话，建议解散九三学社。许主席说，九三学社是毛主席肯定的，现在毛主席在莫斯科开会，待他回来后再谈，要不要九三学社，由毛主席来决定吧。毛主席回国不久，李维汉部长召集了九三学社在京的八个社员开了一个座谈会，我被邀参加。李部长传达毛主席的意见说：九三学社不仅要存在，而且要扩大。我们革命战争胜利，主要靠两杆子，枪杆子和笔杆子。九三学社的同志们是拿笔杆的，拿钢笔杆或粉笔杆的。社会主义革命和建设是需要拿笔杆子的。毛主席决定九三学社不能"不要"，而是"必要"，并决定给九三学社找房子……

毛主席对九三学社的重视与关怀，使九三学社成员感到无比温暖，彻底打消了解散的想法。1950年3月，九三学社恢复了中央理事会。除原有的理事外，增补严济慈、孙承佩、薛愚、方亮为中央理事，许德珩任主席，梁希任副主席。

9月，九三学社中央拨得北京西城区颁赏胡同4号作为社址，并领取经费，着手内部机构设置与工作人员录用。

1950年12月1日，北京已是寒风凛冽。然而，九三学社社员们心中却是春风和煦。这时，九三学社在北京召开了自1946年建社以来的第一次全国工作会议，63位各地代表出席。会议通过了《九三学社暂行章程》总纲，正式提出："本社为学术性的民主政团，以中国人民政治协商会议共同纲领为政纲，积极地、忠实地、为其实现而奋斗。"

会议选举产生了第二届中央理事会，许德珩任主席，梁希任副主席。许德珩、梁希、黄国璋、薛愚、孟宪章为常务理事，黄国璋任秘书长。决定创办机关刊物《九三社讯》。

经过两年的认识与实践，九三学社在1952年9月又召开了第二次全国工作会议扩大会议，进一步明确了九三学社的性质、方针与任务。修改后的《九三学社章程》总纲这样表述："九三学社是以小资产阶级文教科学工作者为主要成分的阶级联盟的新民主主义政党，是中国人民民主主义统一战线的组成部分。以中国人民政治协商会议共同纲领为政纲，在中国共产党领导下，团结并教育广大的文教科学工作者为彻底实现共同纲领而奋斗。"

另外，九三学社中央领导机构，由原来的理事会改为委员会，选举许德珩、梁希等 47 人为中央委员，储安平等 9 人为候补中央委员。许德珩任九三学社中央委员会主席，梁希任副主席，涂长望任秘书长。

通过以上两次全国工作会议，九三学社由一个较为松散的"学术性的民主政团"，完成了向新民主主义政党的转变，同中国共产党建立起了新型的亲密合作的政党关系，制定了"巩固与发展并重"的组织发展原则，本着"尊重社的学术性传统，在自己所联系的文教科学工作者中，注意吸收有社会影响的和有一定学术才能的中上层人士，使他们在社的教育下，能够尽量贡献自己的能力，更好地为新中国建设事业服务"。

1951 年三四月间，九三学社南京分社（潘菽任主任理事，金善宝任副主任理事）与北京分社（薛愚任主任理事，劳君展、金涛任副主任理事）相继成立。社中央与北京分社在西

九三学社第一次全国工作会议代表合影

四颁赏胡同4号合署办公。重庆分社也于这年的9月3日召开恢复成立大会（税西恒与谢立惠分别担任正、副主任理事）。至1953年，九三学社又建立了无锡分社，西安、沈阳、长春三个分社筹备机构，天津、成都、青岛、杭州四个直属小组。

在此期间，社员人数由原来的近百人，发展到600余人。除了新中国成立前入社的著名物理学家严济慈、古人类学家裴文中、文学家俞平伯、心理学家高觉敷等人以外，又有一批著名的专家学者加入了九三学社，如桥梁专家茅以升，物理学家周培源、葛庭燧、王竹溪、卢鹤绂，物理化学家吴学周，地球物理学家赵九章，地质学家孙云铸、尹赞勋，热工自动化学家钱钟韩，古生物地层学家杨遵仪、杨钟健，数学家柯召，动物学家伍献文，语言文字学家游国恩、魏建功、金克木……可谓群星荟萃，盛极一时。

7　共产党从来是有恩必报

九三学社成立大会上，被选举为九三学社理事的王卓然，于1947年回到东北。因国共战衅重开，王卓然痛感和平无望，决意远离政界，赴日经商。1951年5月，王卓然因在日本筹运国内急需物资，引起国民党驻日代表的注意，于是勾结日本外务省，取消了王卓然的护照，并拟将他押往台湾。幸赖朋友搭救，王卓然得以脱险，回到祖国，在天津定居下来。

王卓然从日本归来的消息，引起了一个人的关注——此人就是时任新闻总署国际新闻局副局长的刘尊棋。他在《不尽的思念》一文中写道：

> 1951年夏秋间，有一天在一个招待外宾的酒会上我看见周总理和外宾谈话之后正在休息，就过去告诉他一件事：王卓然最近从日本回到了北京。王卓然是东北有名的人物，解放前做过张学良的外文秘书，曾任东北大学代理校长，抗战期间任国民参政员。总理对王先生是相当熟悉的……另外，恩来同志还记得王在30年代在北平主持东北大学时曾经有过同情进步学生的事迹。于是他试探地问我："好象你也和他有过什么关系似的？"我说"是的"。我就追述一下1933年我从反动派的北平监狱出来是王保释的，并说于毅夫同志在更早以前作为东北大学的学生也曾经王营救出狱。总理听了把头仰起来说："王先生做过不少好事，我们共产党从来是有恩必报。"说到这里，他招呼了一下站在不远的在统战部工作的一位姓鲁的同志，对他说："你们研究一下，王卓然适合做什么工作，安排一下。"

> 过了几天，王卓然先生告诉我，统战部派了一位同志和他谈话，准备请他担任国务院参事。由于他要求做些实际工作，统战部还同意让他参加科技普及的组织。

王卓然《自传》中，对营救刘尊棋的经过，有以下记载：

> 先是孙夫人宋庆龄在上海组织"民权保障大同盟"，

派杨杏佛北上调查政治犯情形，杨到北京找胡适之同见张（学良），张派我执行，并陪参观陆军监狱。在狱里掌火的窗口中，我认识了刘尊棋，他抗议说"水不够喝，咸菜不够吃！"我被他不屈的精神所感动，当时记下他的姓名，用英语安慰他少安，我必相机营救他出狱。到此时（张学良出国考察前）张令我替他想应办的事，我就说有两个人，以共产党嫌疑被押在陆军监狱，都是青年有为，我们何苦替老蒋为虎作伥，应当放他们出去。张稍加思索，即说"好吧！那么你替他们找个保，我批放好了。"我就用我的《外交月报》印刷所担保，保释他们出狱。刘出狱后来谢我，说他的夫人郑绪红在山东泰安教书，被韩复榘捕押判了徒刑，要我设法保释。我后来求得韩的代表刘熙众帮忙，我与他联名担保，郑亦得获释出狱。

如刘尊棋所言，王卓然在东北确实是个有名的人物。王卓然，字回波，1893 年生于奉天省抚顺县莲岛湾村一个普通农民家庭。王卓然在奉天读书时，参加了青年基督教会，结识了少年张学良，并且成为终生挚友。

1919 年，王卓然考入北平师范大学，师从美国著名教育家杜威博士。在北师大学习时，王卓然曾随陶行知和美国著名教育家孟禄博士，到全国各地参观讲学。归后，王卓然综理见闻，著有《中国教育之一瞥》。

1923 年秋，王卓然获得"官费"赴美留学，入纽约哥伦比亚大学教育学院深造，获硕士学位。

1928 年 7 月，王卓然回到阔别五年的沈阳。此时，张作霖刚刚遇害，日本气焰嚣张。张学良得知王卓然学成归来，马上聘他做东北大学教授，并任东三省保安司令部的国际问题谘议，还请他做自己子女的家庭教师。从此，王卓然身兼三职，成为张的得力助手。张学良通电希望和平，愿意服从国民政府。王卓然极力支持，他联合沈阳、抚顺等 14 个县的公民代表，向奉天省议会请愿，要求东北易帜。

抗战时期王卓然（右）与抗日名将马占山将军合影

九一八事变后，东北大学迁往北平。在张学良的支持下，王卓然与高崇民、阎宝航、卢广绩、于毅夫等人在北平成立了"东北民众抗日救国会"，联络爱国志士，发行爱国奖券，筹措资金，支持东北义勇军的抗日斗争。日寇大举侵华后，反诬中国有"违约侵权"54 案。为了从外交上与日本斗争，王卓然建议张学良成立了"东北外交委员会"，被任命为秘书主任，专门负责收集整理出版揭露日本侵华暴行的材料，以供对日外交斗争的需要。王卓然还领导该会编辑出版了《外交大辞典》《东北问题丛书》《外交月报》。创办《覆巢》报，后改为《东方快报》，担任社长，揭露日本帝国主义侵华罪行，抨击国民党当局不抵抗政策，反映了东北人民的意愿。

1933 年春，热河失守，张学良被迫下野，准备出洋考察，全权委托王卓然以东北大学秘书长代行东北大学校长职务。

张学良出国之前，在上海，王卓然与端纳力劝张学良戒毒。王卓然以苦肉计，率其子女下跪，苦苦相劝，终使身体衰弱、毒瘾深重的张学良答应接受戒毒治疗。治疗期间，王卓然与端纳日夜轮流守候，直至张学良以巨大的忍受力完成戒毒——张学良将军无异于获得了新生和再造。可以说，如果没有此次戒毒成功，也就没有后来震惊世界、改写中国历史的"西安事变"。而王卓然对张学良的苦心劝谏与爱护，实在是功莫大焉。

1936 年 12 月 12 日，张学良、杨虎城发动了震惊中外的"西安事变"。王卓然闻讯后即命《东方快报》公开报道事实真相，在北平广为散发。张学良送蒋被囚后，王卓然连夜赶写《张学良到底是个怎样人》一书，于 12 月 30 日加快印出，带 200 本亲赴南京散发，为张学良做了有力的辩护。

1937 年 2 月 16 日，应张学良之邀，王卓然与何柱国军长去浙江奉化，与被幽禁在雪窦寺的张学良会面。张学良嘱咐他帮助东北军、西北军搞好团结，勿因自己失去自由而与南京发生冲突，要枪口一致对外。孰料，雪窦寺一晤，竟成诀别。

为了使张学良重新获得自由，在以后的岁月里，王卓然想方设法，倾尽心力，可谓赤胆忠心，情深谊厚。晚岁辗转病榻之际，王卓然对张学良仍是牵牵念念，至死不能释怀……

"西安事变"后，王卓然仍以《东方快报》与《外交月报》为工具，极力鼓吹抗日复土。他协助长子王福时等人翻译、出版了《外国记者西北印象记》（美国记者斯诺撰写的《西行漫记》最早的中文节译本），秘密发行。同年6月，王卓然与高崇良、阎宝航等东北爱国人士在北平成立"东北救亡总会"。卢沟桥事变后，他暂避斯诺在北平的盔甲厂胡同家中。几天后，斯诺护送他乘火车去天津。分手时，王卓然将张学良送给自己的一支小手枪交给斯诺，请他再赴延安采访时转赠毛泽东。

1937年"东北救亡总会"主席团成员在武昌留影。
（前排左起）卢广绩、王卓然、孙一民，
（后排左起）阎宝航、杜重远、王化一

1938 年，王卓然被遴选为国民参政会参政员。他极力主张团结抗战，一致对外，释放张学良及所有政治犯。王卓然的提案往往得到参政会内中共代表和进步人士的支持。1941 年 3 月，蒋介石请王卓然等 12 位参政员共进午餐。席间，王卓然直言政府应禁止官员经商与民争利等意见，惹怒蒋介石。不久即被参政会除名。

1946 年 4 月 28 日，王卓然应周恩来邀请，参加重庆文化界知名人士话别茶会。会上王卓然以东北人的立场呼吁停止东北的内战，释放张学良。他那慷慨激昂的演讲，使周恩来和在场听众潜然泪下。

王卓然从日本回国后，怕朋友怪他归国太迟而心怀愧疚。他决心好好学习改造，把经商所得大部分资产，在京津两地开办了儿童科学教育馆和三所托儿所、幼儿园。他还主动恢复了九三学社组织关系，参加九三学社天津直属小组和北京分社的活动。1955 年底，王卓然出任国务院参事，迁居北京，将所有开办的产业，全部交给京津有关部门接管……

"文革"中，刘尊棋被捕入狱。原因出自当年北平国民党党部捏造的一个"脱党启事"。为了还其清白，刘尊棋的子女找到王卓然求证。

早在 1968 年，王卓然即被以"特嫌"和"东北叛党集团"等罪名，投入秦城监狱。此时，已经 82 岁高龄的王卓然，沉疴在身，生命垂危，保外就医。听到刘尊棋被诬为叛徒长期系狱，王卓然强撑病体，写出长达 12 页的"刘尊棋是怎样出狱的"证明材料——这一天是 1975 年 1 月 10 日。20 天后，王卓然含冤抱憾而逝。

王卓然的证明，使被拘押了 7 年多的刘尊棋终得平反。刘尊棋一生两次入狱，又两次承蒙王卓然搭救出狱，可谓旷世奇恩。刘尊棋对扶危济困、义托生死的王卓然先生，自是终生感念。

另外，因为王卓然不肯写材料诬陷于毅夫有历史问题，在监狱中还被戴了 18 天手铐。

周恩来说，共产党从来有恩必报。王卓然忠肝义胆，铁骨铮铮，也算得上无愧于共产党朋友。

1979 年 8 月 25 日，国务院在北京八宝山公墓举行追悼会，为王卓然平反昭雪。隔海相望的张学良将军，亲笔题写了墓碑，寄托对平生挚交王卓然先生的哀思。

四　一寸丹心为报国

中华人民共和国成立，揭开了中国历史的新篇章。

随之而来的土地改革、抗美援朝、"三反""五反"、社会主义改造等一系列运动，无疑在九三学社社员的心灵深处引发了一场又一场革命，使他们彻底转变了中国知识分子旧有的观念和立场，紧紧追随共产党，与全国劳动人民一起，以极大的政治热情，发挥专长，输诚献智，投身于社会主义新中国的伟大建设事业。

然而，反右派斗争乃至十年浩劫，则给广大知识分子带来了精神和肉体上的极大摧残与痛苦。尽管如此，九三学社社员不改报国初衷，忍辱负重，百折不挠，坚信共产党的领导，坚信社会主义道路，秉承民主与科学的精神，以顽强的毅力和卓越的才智，在各自的工作岗位和研究领域，攻坚克难，为国家和民族，做出了彪炳千秋、名垂青史的贡献。

1 风雨兼程

1950 年 6 月，朝鲜战争爆发。

10 月 20 日，毛主席在怀仁堂召集各民主党派、各人民团体负责人，讨论是否出兵援朝。会上，毛泽东作出决策：派志愿军赴朝作战。随即，九三学社举行座谈会，发表声明，反对美帝国主义扩张侵略，坚决拥护中国人民志愿军赴朝参战。

九三学社中央理事会紧密配合抗美援朝运动，强化宣传攻势，接连不断地发表了一系列声明和主张，例如《拥护周外长关于联大非法通过成立"朝鲜停战三人委员会"决议的严正声明》，致电金日成和人民军、志愿军，庆贺光复汉城大捷，举行反美文化侵略座谈会，发表《为彻底粉碎美帝侵略阴谋而奋斗！中国人民和全世界人民应更进一步认识美国侵略者的狰狞面目》的号召……

1951 年 6 月 3 日，九三学社召集北京市社员举行集会，欢迎参加赴朝慰问团胜利归来的社员方亮、叶丁易、刘开荣、吴廷璆等人。听了赴朝见闻和志愿军英勇作战的感人事迹后，70 多位社员当场捐款 1800 多万元（时币）。

在轰轰烈烈的抗美援朝运动中，九三学社各级组织也都动员起来，发表声明，举办座谈会、报告会，宣传爱国主义和国际主义，踊跃捐款捐物，支持子女亲友参加志愿军。

九三学社中央常务理事会还先后通知各地方组织，在深入开展抗美援朝运动的同时，应当联系各地的具体任务，在拥护土地改革、镇压反革命、肃清美帝文化侵略毒素等方面，贯彻爱国主义与国际主义相结合的教育。

1951年5月27日，九三学社举行欢送参加土地改革的社员大会。许德珩讲话，特别强调知识分子必须坚决地通过土地改革这一关。

古人类学家、北京猿人第一个头盖骨的发现者裴文中，得知全国政协与九三学社正在组建土改工作团的消息，立即放弃考古计划，申请加入土改工作队，担任了西南土改工作团第二团副团长。裴文中说，参加土改工作，不是去镀金，土改是革命。我们应该放下高级知识分子的架子，虚心向农民学习，在实践中锻炼成为人民的知识分子。

严济慈、王淦昌、汤璪真、初大告、孙云铸等著名专家学者，则参加了西南土改工作团第一团，在四川古老的村落驻扎下来。

严济慈，1947年加入九三学社。早年留学法国，是第一位获得法国国家科学博士学位的中国人。第二次赴法，曾在居里夫人实验室进行测试研究工作。1930年底回国，出任北平研究院物理研究所所长。抗战期间，在云南大后方，对用于军事的无线电发报机、五角测距镜和望远镜的研制和生产，做出了重要贡献。1946年获国民政府胜利勋章。1948年当选为中央研究院院士。新中国成立后，严济慈参与筹建中国科学院，任中国科学院应用物理研究所所长、中国科学院东北分院院长、中国科学院副院长等职。

严济慈对建设新中国表现出了极大的热情。土改运动一开始，他就主动请缨，参加由胡愈之任团长的土改工作团川北分团，来到南充地区，住在农家，访贫问苦。正是那段艰苦难忘的经历，使严济慈与时任川北地委第一书记、川北行署主任的胡耀邦，结下了深厚的友谊。

劳累了一天，汤璪真在昏暗的油灯下，写信给毛泽东，细说土改工作中的见闻和体会。他的脑海里，时常浮现举行开国大典那一刻的情景：他臂戴总指挥袖章，率领北师大的师生队伍，意气风发地走过天安门广场，接受中央领导和各界代表人士的检阅……新中国的一切，都让这位数学家感到新鲜，备受鼓舞。回京后，汤璪真应《光明日报》和《九三社讯》之邀，发表了参加土改的感想，对"新中国既快步又稳步地前进"，不吝赞美之词，通篇洋溢着作为新中国知识分子的自豪。

1951 年 9 月 12 日，九三学社举行时事与土改工作报告会。孙承佩以《光明日报》特派朝鲜战地记者的亲历亲闻，报告了美帝国主义破坏朝鲜停战谈判的情况。初大告、孙云铸、汤璪真分别汇报了参加土改工作的体会。

不幸的是，汤璪真回京后不久，患急性胰脏炎，医治无效逝世，终年 54 岁。毛泽东对汤璪真英年早逝深感悲痛，惜称是"我们国家科学界的一大损失"。

据 1952 年统计，九三学社全社约有 34% 的社员先后参加或参观了土改工作，写出心得体会，总结了思想收获。

1951 年底，"三反"运动开始，九三学社成立了节约检查委员会。在成立大会上，许德珩强调"反贪污、反浪费、反官僚主义，是全国人民在镇压反革命胜利的高潮后又一个最重

大的任务"，号召各地方组织和全体社员立刻行动起来，开展
这一斗争。九三学社总社的"三反学习和坦白检举"，也随之
展开。

先是，机关工作人员以壁报形式，对许德珩的错误进行了
揭发批评，主要批评他的家长作风、对干部职工态度粗暴、缺
乏批评和自我批评的精神等问题。接下来，秘书长黄国璋、北
京分社主任理事薛愚、社中央常务理事孟宪章，也相继在社员
大会上作了自我检讨。黄国璋则因"历史"问题，遭到"严
厉地揭发批判"，并"作出请中央撤销其在社内担任的一切职
务的决议"。——所谓"反动历史"，是指黄国璋曾在 1940 年
筹建中国地理研究所并任所长，后任国民政府设计局委员、区
划设计组组长……此后，黄国璋的身影便从九三学社消失，中
国地理学会副理事长的职务也被撤销。后来院系调整，黄国璋
被调到陕西师范学院任教。

随着三年恢复时期结束，1953 年 6 月，中共中央提出了
党在过渡时期的总路线。这一时期，民主党派承担了参加政治
协商、代表成员意见和利益、互相监督、思想改造（简称
"参、代、监、改"）的政治任务。然而，对于民主党派成员
来说，能够落到实处的，主要还是一个"改"字。

这时发生了一个事件，涉及的人物便是红学家俞平伯。
1952～1954 年，俞平伯将旧著《红楼梦辩》修订，易名为
《红楼梦研究》出版。1954 年秋，山东大学中文系毕业生李希
凡、蓝翎写了两篇文章，对俞平伯的红学观点和研究方法提出
尖锐批评。文章寄到中国作家协会主办的《文艺报》，未被刊

用，后在山东大学《文史哲》上发表。不料，10 月 16 日，日理万机的毛泽东主席在《人民日报》上发表了《关于红楼梦研究问题的信》，对"两个小人物"表示支持，并认为"这是三十多年以来向所谓红楼梦研究权威作家的错误观点的第一次认真的开火"。毛泽东的信，在文化界引起轩然大波。随后，各家报刊发表的批判文章汹涌而来，把俞平伯的《红楼梦研究》与"胡适反动思想"捆绑在一起，作为万炮齐发的靶标。顷刻间，学术争鸣，演变成了全国范围的政治运动。

俞平伯，这位清代朴学大师俞樾的曾孙，清末翰林、著名词学家俞陛云之子，尽管满脑子的词曲学问，但是他也热心政治。在北大读书时，他会扔下课本，跑进"五四"游行的队伍，攘臂呐喊；身为北大教授，屡次拍案而起，集会抗议独裁政府；建立新中国，他欢欣鼓舞，研读马列著作，认真改造世界观……然而，他无论如何也弄不明白：自己一纸不起眼的学术文字，怎么竟与政治运动搅在了一起？

俞平伯

性情清高的俞平伯，面对陡然而起的政治围攻，内心甚为抵触。在作家协会对他连续开会批判之后，采取了消极抵制的态度。九三学社也有许多社员要求召开批评会，让俞平伯进行深刻的检讨。

许德珩虽然比俞平伯大十岁，他与俞平伯却是北大同班同学。九三学社中央机关干部牟小东，直到晚年还记得许德珩的苦心：

> 许德珩一直把俞平伯看做小弟弟，觉得俞在平静生活中没遇到过暴风骤雨，怕他想不通，怕他的对立情绪招来更激烈的围攻。九三学社沙滩支社成员大多是文化系统的人，开会帮助时也希望俞先生不要顶撞，要逆来顺受。

侥幸的是，这场批判，被随后涌来的一波更为强劲的浪潮——反胡风运动所吞没。俞平伯懵懵懂懂算是暂时闯过了这一关。

那时，从旧社会进入新中国的知识分子，尽管都是主动向工农靠拢，心甘情愿地接受思想改造，但是对于这样的政治批判（包括对待黄国璋），还是觉得有些变味儿或者过火……然而，他们岂知，比起日后更为猛烈的反右派斗争和"文化大革命"，这不过是风也飘飘、雨也潇潇的"毛毛雨"，严酷的磨炼还在后面。

2　科学无国界　科学家有祖国

新中国成立，犹如一轮初升的红日，光辉夺目。众多海外学子莫不翘首仰望。新中国发出号召，欢迎旅居海外的炎黄子孙，回国共谋建设大业。于是，旅居海外的专家学者，以及刚毕业的欧美留学生，纷纷回到祖国，投身于新中国建设，成为赶超世界科技先进水平的中坚力量。

1949年10月，一艘轮船从美国旧金山起航，开往香港。夜深了，一对中国夫妇仍然倚靠着船舷栏杆，不能入睡——他们是36岁的物理学家葛庭燧博士和他的妻子、中国第一个女物理博士何怡贞。他们听到新中国成立的消息，归心似箭，立即放弃优越的工作环境和舒适的生活，带着一双在美国出生的儿女，启程返国。此时此刻，他们的内心如同太平洋上起伏的波涛，难以平静……

早在清华大学物理系读书时，葛庭燧就积极参加了"一二·九"学生运动。他是"中华民族解放先锋队"的中队长，他的名字一直被列在反动当局的黑名单上。

葛庭燧1937年毕业于清华大学物理系。三年后获燕京大学物理系硕士学位。1943年在加利福尼亚大学伯克利分校获得博士学位。40年代中期，他以著名的"葛氏扭摆""葛氏内耗峰"和"葛氏晶粒间界理论"成为世界金属内耗研究的创始人之一。他参加了美国国防研究委员会曼哈顿原子弹计划和远程雷达项目的研究，并获得了奖章和专利。

在此期间，葛庭燧与一些进步的美国同事组织了一个座谈会，经常讨论美国记者斯诺和史沫特莱等介绍中国解放区的专著。1946年，涂长望代表中国科协去英国开会，回国途经美国芝加哥大学，建议葛庭燧在美国筹建中国科协分会。由于美国的法律限制，直到1949年2月，葛庭燧终于在芝加哥成立了"留美中国科学工作者协会"，并担任理事会主席。

何怡贞的胞妹、留学德国并在研究中发现弹道碰撞现象的何泽慧博士，与清华同窗钱三强喜结连理。1949 年的初夏，这位葛庭燧的连襟，从布拉格寄来一封信，鼓励葛庭燧夫妇和海外的科学工作者，回来参加新中国建设。

> 庭燧兄：
>
> 　　北平解放后，曾得一信，知道今夏要回来，高兴得要命，老人家更是高兴……新政权比较从前的好得多。想到我们十三四年前曾经奋斗所想达到的目标，现在来了……关于全盘科学建设，很需新起的科学工作者来筹划，因此老兄回来是最好没有的。现在南京上海已下，今年想怕广东都有希望了。所以，全国建设立即开始，请有志者共同来参加这伟大工作……匆祝研安。大姐好。
>
> 　　　　　　　　　　　　　　　弟　三强上
>
> 　　　　　　　　　　　　　　　四月二十日

葛庭燧把钱三强的来信，摘要发表于纽约出版的《留学生通讯》第一卷第 7 期上，进一步推动了留美同学的回国运动。

1949 年 5 月，中共地下党员、香港大学心理学教授、中国科协香港分会负责人曹日昌，给葛庭燧寄来一封信，其中写道：

> 　　……另有一事相托。钱学森先生，想你认识，否则请

打听一下。北方局很希望他回来，要我约他，我不知道他的通讯处，附函请代转交，并请对他多鼓励一番，他能回国最好！拜托，拜托。

葛庭燧把中共北方当局希望钱学森"很快能到国内来，在东北或华北领导航空工业的建立"的邀请信，转给钱学森，并附一纸，称："每思我等久滞国外，对于国内伟大的生存斗争犹如隔岸观火，辄觉凄然而自惭……"

葛庭燧转来的信函，对促成钱学森回国起了重要作用。"文革"期间，造反派诬陷钱学森是美国间谍，钱学森拿出那封信说："葛庭燧可以证明，我是响应党的号召回国的……"1993年葛庭燧八十诞辰，钱学森致信说："我永远也不能忘记是你引导我回到祖国的怀抱……"

1949年10月1日，中华人民共和国成立的电波传到大洋彼岸。"留美科协"在芝加哥举行庆祝大会。会上，大家与前来捣乱的国民党打手进行了搏斗。葛庭燧冒着生命危险，在会场上高高地举起了一面鲜艳的五星红旗。

轮船抵达香港，葛庭燧夫妇在办理过境签证时遇到了麻烦。直到11月份，葛庭燧夫妇终于冲破阻碍，进入大陆，成为第一批回到新中国的留美学者。

葛庭燧接受他的老师、清华大学校务委员会主席叶企孙先生的聘请，任清华大学物理系教授。1952年10月，葛庭燧率全家来到沈阳，在一片菜地里，筹建中国科学院金属研究所。在那里，他培养了大批年轻的技术骨干和研究生。

　　葛庭燧与夫人何怡贞都是九三学社社员，他们在研究所内积极开展基层组织活动。研究所 12 名社员中，就有 5 位是应新中国号召，从英、美回来参加建设的，如 1951 年从英国

**1949 年 11 月葛庭燧夫妇携儿女离
美回国在香港中转签证时摄**

回来的著名冶金物理学家、金属所所长、一级研究员李薰，1955 年由美国回来的金属物理学家师昌绪……

　　葛庭燧在金属研究所担任副所长、一级研究员。夫人何怡贞是光谱分析专家、三级研究员。1956 年，葛庭燧与李薰当选为九三学社第四届中央委员会委员，两人同为中国科学院学部委员。1983 年以后，葛庭燧历任九三学社中央第七、八届常委。

　　1980 年，葛庭燧偕夫人从沈阳调到安徽，在合肥西郊荒凉的董铺岛上定居下来。年近七旬的葛庭燧，受命担任中国科学院合肥分院副院长，再次白手起家，在这里建起了固体物理研究所。

　　"一定要在自己的国土上，在自己建设的实验室里，由中国自己培养的年轻人，做出世界一流的科研成果。"为了这个

理想，葛庭燧奋斗了一生。他先后发表 240 多篇论文，被中外科学家引用了 1000 多次。他带出了一个老中青结合的科研群体，他领导的内耗研究室被誉为"世界内耗事业的摇篮"。

葛庭燧 1956 年获国家自然科学二等奖，1989 年获国际固体内耗与超声衰减最高奖——甄纳奖，1996 年获桥口隆吉材料科学奖、何梁何利科技进步奖——物理奖。

1999 年 3 月 2 日，TMS 学会（国际材料科学联合组织）在美国圣迭戈一家饭店举行盛大的晚宴暨颁奖大会。大会主席宣布：1999 年度梅尔奖授予中国科学院葛庭燧院士，同时邀请 86 岁的葛庭燧在第 128 届年会上作学术演讲。梅尔奖和年会学术演讲，是国际材料科学的最高奖和最高荣誉，这是亚洲科学家首次获此殊荣。

"科学无国界，但科学家有祖国"，是葛庭燧积一生追求而凝成的肺腑之言。

1992 年，为了庆祝杨振宁七十寿辰，中国科技大学在合肥举行学术报告会。杨振宁介绍了碳 60 的研究概况，葛庭燧谈了回国若干年来获得的研究成果。葛庭燧说："我与杨振宁在芝加哥大学四年（1945～1949），随后虽然分别走了两条不同的道路，但都在各自的岗位上做出了成绩。这说明，我们本是同根生的中国人，无论在国外还是在国内，都能够在科学上有所建树。在这一点上，我们说科学是无国界的。"

杨振宁在西南联大物理系读三年级时，葛庭燧是他"高等实验物理"课的授课老师。1945 年冬天，是葛庭燧代杨振宁办理了进芝加哥大学物理系学习的各种手续。在芝加哥的四年，

1999 年葛庭燧在美国接受梅尔奖

杨振宁经常到葛家去玩，因为他很喜欢葛家的两个孩子……

　　1999 年 5 月，葛庭燧收到杨振宁从纽约州立大学寄来的一封信。原来，杨振宁读了《人民日报》（海外版）《登上世界领奖台》的长篇报道，对葛庭燧荣获梅尔奖表示祝贺。对此，葛庭燧阐述了他的一贯主张："我们做出的这一点成绩，是在新中国的土地上在我们自己的实验室里，由我们自己培养出来的青年同志做出来的，从而才觉得可贵。在这一点上，我们说科学家有祖国。我对于杨振宁博士抱着真诚的厚望。这正是：本是同根生，落叶当归根。虽是不同路，殊途必同归。"

　　葛庭燧 1913 年 5 月出生于山东蓬莱大葛家村。2000 年 4

月 29 日在合肥逝世，享年 87 岁。

2007 年，社史专题片摄制组赴沈阳采访住在女儿家的何怡贞。97 岁的何老先生坐在轮椅上，银发慈颜，迎接社内的朋友。

何怡贞，1910 年生于北京。父亲是辛亥革命先驱何澄先生。1930 年，从南京金陵女子学院数理系毕业的何怡贞，拿着父亲给她的一笔妆奁费，赴美深造。1937 年获美国密歇根大学物理学博士学位。1937 年底何怡贞回国，任燕京大学物理系讲师。在那里，邂逅考入物理系研究院的葛庭燧，1940 年结为伉俪，翌年赴美，在芝加哥大学金属研究所工作。

1950 年，回到祖国的何怡贞，与家人商定，将父亲生前竭力修护的苏州名园网师园等优秀文化遗产，捐献给国家。1956 年、1990 年，又两次将 1347 件国宝级文物、642 册珍版古籍图书，还有父亲埋藏于故宅的 72 方精美名贵的田黄、鸡血石章料全部捐献。国家颁发的高额奖金也全部捐出，用于发展教育事业。

1988～1996 年，耄耋之年的何怡贞，以她在金属玻璃力学性质与结构稳定性等方面的研究成果，三次获得中科院科技进步二等奖、自然科学三等奖，实在是宝刀不老，令人钦佩。

新中国成立初期，相继从海外归来并加入九三学社的科学家，除了以上提到的李薰、师昌绪，还有核物理专家邓稼先、半导体物理学家黄昆、理论物理学家程开甲、加速器物理学家谢家麟、生物化学家邹承鲁、物理学家李林、化学家唐有祺、红外物理学家汤定元、气象学家谢义炳、植物学家钟补求等一大批著名的专家学者，他们都在各自的科学研究领域，做出了非凡的业绩和贡献。

3 向科学进军

1956 年，对于九三学社来说，喜事不断。

1 月，中共中央在北京召开了关于知识分子问题会议。周恩来代表中共中央作了《关于知识分子问题的报告》。报告说，知识分子的"绝大部分已经成为国家工作人员，已经为社会主义服务，已经是工人阶级的一部分"，"在社会主义时代，比以前任何时代都更加需要充分地提高生产技术，更加需要充分地发展科学和利用科学知识"。周总理的报告，犹如一股春风，吹散了笼罩在人们心头的疑虑，鼓舞了广大知识分子建设社会主义的积极性。

2 月，九三学社召开第一届社员代表大会，学习讨论了周恩来总理《关于知识分子问题的报告》，选举产生了第四届中央委员会。许德珩、梁希、涂长望继续分别当选九三学社中央主席、副主席、秘书长。

大会通过新修订的《社章总纲》，第一条取消了"小资产阶级"和"阶级联盟"等字样，简明扼要地表述为"九三学社是中国人民民主统一战线中的一个以知识分子为成员的民主党派"——这种改动，显然受到了当时政治环境和周总理讲话的鼓舞。

1956 年 5 月 12 日，北京西苑大旅社（现西苑饭店）内喜气洋洋。许德珩代表九三学社中央在这里举行招待会，欢迎出席全国先进生产者代表会议和参加编制国家科学规划的社员。全国先进生产者代表有杨钟健、张光斗、李璞、王应睐等13位社员，参加编制科学发展长期规划的专家有潘菽、周培源、王淦昌、葛庭燧、邓稼先、吴阶平等66位社员。梁希、茅以升、严济慈、尹赞勋、黄汲清等还被任命为国务院科学规划委员会委员，有的社员还担任了委员会各专题组的负责工作。社中央向13位代表每人颁发了一面锦旗，锦旗上绣有许德珩的亲笔题词："进一步发挥劳动的积极性和创造性，带动群众，向科学技术大进军。"

就在同一天，毛泽东主席签署任命书，任命许德珩为新成立的水产部部长。

更使九三学社成员感到欣喜的是：就在半个月前，毛泽东主席在中共中央政治局扩大会议上发表了《论十大关系》，谈到政党关系时说："究竟是一个党好，还是几个党好？现在看来，恐怕是几个党好，不但过去如此，而且将来也可以如此，就是长期共存，互相监督。""我们的方针是要把民主党派、资产阶级都调动起来，要有两个万岁，一个是共产党万岁，另一个是民主党派万岁。"之后，中共中央正式提出共产党与各民主党派"长期共存，互相监督"八字方针。

八字方针一经传达，民主党派倍感振奋，纷纷召开座谈会，畅谈认识和感想。周培源在九三学社中央常委座谈会上说，八字方针"既是对我们的一种鼓舞，也是对我们的一种鞭策"。许德珩表示要对九三学社的工作做长期打算，并向中共中央提出了一些关于民主党派组织发展的意见和建议。许德珩说："过去有些意见不好说（如对俞平伯批判过火），现在可以说了。""过去我讲话一般化，不是没有意见，而是不得不一般化。今后要不同了。"

根据中共中央统战部支持民主党派发展组织的精神，九三学社中央派出有关领导和机关干部，分赴各省推动组织发展。经过一年的努力，九三学社队伍空前壮大。截至1957年夏季，共建立地方组织26个，社员达到6225人。九三学社中央和地方组织，焕发出勃勃生机。

在社会主义建设高潮中，九三学社社员鼓足干劲，力争上游，"向科学大进军"，在各自的岗位上，取得了一个又一个可喜的成绩。

为了推进科学技术发展，1955年中国科学院成立学部，九三学社有43位社员担任了学部委员。严济慈、吴学周、周培源、陈建功、黄子卿、葛庭燧、尹赞勋、侯德封、涂长望、黄汲清、杨钟健、李薰、茅以升等还分别担任了各学部的常务委员。

1957年1月，我国首次颁发自然科学奖，在34项获奖成果中，社员葛庭燧、钟补求、朱子清、陆仁荣、黄文魁、卢衍豪、杨敬之、穆恩之、李薰、周行健、邹元辅、李林等，分别在物理学、化学、地质学、植物学、冶金学方面获二、三等奖。

科学院生理生化研究所所长王应睐与邹承鲁、汪静英等完成从生物体内提纯琥珀酸脱氢酶，达到国际领先水平。李林和她的助手们试制成功了渗碳级硼钢和硼钼合金结构钢。北京大学教授赵广增，在研究偏振光方面取得成绩。

从事医药卫生工作的社员，如药学家薛愚、骨科专家方先之、泌尿外科专家施锡恩、心血管专家张天惠、肿瘤专家金显宅、妇科专家柯应夔、医学教育家颜福庆等；从事社会科学、文学艺术工作的社员，如教育家董渭川，儿童心理教育学家陈鹤琴，心理学家高觉敷，经济学家傅筑夫，法学家王之相、戴修瓒、黄觉非，文学、语言文字学家黎锦熙、俞平伯、游国恩、楼邦彦、陆侃如、冯沅君、杨振声、魏建功、金克木、刘文典，历史学家雷海宗、谭其骧等，也都为国家文教卫生事业的繁荣发展，做出了突出贡献。

此时，武昌汉口江岸的工地上热火朝天，一片繁忙。一个个桥墩从江水中矗立起来，两条钢铁巨龙逐渐向江心靠拢……

武汉长江大桥作为"一五"计划重点工程，于1955年9月1日正式动工。那时国家重点工程，都离不开苏联"老大哥"的援助。但是，作为国家领导者心目中建筑界的泰斗，著名桥梁专家茅以升还是被请了出来，被聘为武汉长江大桥技术顾问委员会主任。

1957年10月15日，武汉长江大桥举行落成典礼。这是新中国修建的第一座最大的公路、铁路两用双层大桥。

武汉长江大桥完工，周恩来又把人民大会堂建筑工程设计的审查任务，交给了茅以升。

1958年，首都十大建筑正式纳入建设规划。周恩来总理特别指示：人民大会堂的建筑设计，"要有茅以升的签名来保证"。年过花甲的茅以升不辜负周总理的信任和重托，把人民大会堂结构设计的所有图纸，都认真仔细地进行了审核，最后，郑重地签下自己的名字。

茅以升当时是九三学社中央常委，以后历任九三学社中央副主席、名誉主席，全国政协副主席。

茅以升（1896～1989），江苏镇江人。结构工程师，桥梁工程专家，中国近代桥梁事业的先驱，铁道科技事业和中国土力学的开拓者。1916 年毕业于唐山工业专门学校，1917 年获美国康乃尔大学硕士学位，1919 年获美国卡耐基理工学院博士学位。回国后，曾担任国立东南大学教授、南京河海工科

茅以升

大学校长、北洋工学院院长及北洋大学校长、交通大学唐山工程学院院长等职，一生发表 200 多篇论文，且撰有《桥话》《中国石拱桥》等多种科普著作。

茅以升一生最为世人称道的业绩，当推主持修建了我国第一座公路、铁路兼用的现代化大桥——钱塘江大桥。

钱塘江乃著名的险恶之江，不仅上游有山洪暴发之虞，下游亦有海潮侵袭之扰，若遇台风，波涛更是汹涌不驯，加之江底流沙厚达 41 米，迁移莫测，有"钱塘江上架桥——办不

到"的民谚自古流传。

1933 年，茅以升不避艰险，担任了工程处处长，主持修建钱塘江大桥。他采用"射水法""沉箱法""浮远法"，攻克一个个技术难关。5 年努力，钱塘江大桥终于建成，使浙赣铁路与沪杭铁路成功对接。然而，大桥建成之日，即为淞沪抗战吃紧之时。为了阻断日寇进犯，茅以升受命又将刚刚建成的大桥忍痛炸断。茅以升掷下"不复原桥不丈夫"的誓言，携带图纸资料，辗转后方。抗战胜利，茅以升终于等到了实践誓言的一天，他又亲自主持修复了大桥——建桥、炸桥、复桥，茅以升成就了世界建桥史上的一段传奇。

钱塘江大桥的建成，充分展现了中国科技工作者的卓越才干。茅以升还把工地办成学校，吸收大批土木工程专业的学生参加工程实践，培养了一批桥梁工程人才。后来参加建设武汉长江大桥、南京长江大桥的工程技术负责人，几乎都曾经历过建造钱塘江大桥的锻炼。可以说，钱塘江大桥又是我国桥梁工程师的摇篮。

新中国成立，茅以升青春焕发，足迹遍布大江南北。他的名字与一架架雄伟大桥紧密连接在一起，跨越在祖国的大河巨川之上。

4　储安平与"党天下"

1957 年 4 月 1 日，经胡乔木推荐，储安平担任《光明日报》总编辑——光明日报社党组撤销，《光明日报》宣布为民主党派的报纸。

正是暖风熏得人欲醉。当时，人们无不为这项贯彻毛主席"双百"方针和八字方针的又一可喜举措而欢呼。孰料，储安平的好时光仅仅过了 68 天，便突然逆转，反右派斗争拉开了帷幕。寒潮袭来，六月飞雪，不仅储安平从此跌落悲剧的深渊，中国知识分子也开始了他们梦魇般的厄运。

储安平，1932 年毕业于上海光华大学英文系。1935 年作为庚款留学生到英国深造。1938 年因抗战爆发辍学归国，任《中央日报》主笔兼国际版编辑，还曾担任复旦大学教授、中央政治大学研究员，主编过《文学时代》《客观》等刊物。

1946 年，储安平在上海创办的《观察》杂志，以超然的态度、理性公平的立场，对国事自由评说。《观察》既能得到胡适、傅斯年、任鸿隽这些新文化运动前辈的支持，撰稿人又多为知名专家学者。储安平执笔的时评，以尖锐辛辣的风格，评骘时事，指摘弊政，维护言论自由，表现了中国知识分子的责任感和良知。深受大众和知识界欢迎的《观察》，订数从起初的 400 来份，直线上升到 12 万份有余。储安平也因此成为享誉一时的新闻人物。

《观察》杂志

九三学社上海分社的筹移

今，是《观察》杂志的创办发起者之一，也是主要撰稿人。1948 年秋冬以后，上海局势更趋紧张，特务到处抓人。笪移今、孟宪章、王造时、储安平、吴藻溪等都被列入黑名单，为此他们不得不分别躲藏。12 月 11 日储安平飞往北平，《观察》杂志由笪移今负责。12 月 25 日，笪移今在去《观察》杂志社审稿途中被特务逮捕，《观察》亦遭查封。

由于笪移今的关系，储安平在北平拜访了许德珩。正是这次躲避搜捕的北行，彻底改变了储安平的人生轨迹。

李毅回忆说，储安平来北平，因国民党极力拉拢，许德珩将其藏在北京大学，后又介绍储安平加入了九三学社。

1949 年，储安平作为中华新闻工作者协会筹备会的候补代表，参加了新政协。1950 年 5 月，储安平离开复刊后的《观察》，出任中央出版总署新华书店总店的副总经理。两年后，改任出版总署发行局副局长。储安平对新政权满怀热诚，他到江西参加"土改"，深入新疆考察，接连出版新作，讴歌社会主义新中国。

1952 年，九三学社召开第二次全国工作会议，储安平作为特邀代表，当选为第三届中央委员会委员、宣传委员会副主任。1956 年，在九三学社第一次全国社员代表大会上，储安平当选为第四届中央委员会委员，与尹赞勋并任宣传部副部长。

储安平到《光明日报》走马上任的同时，还兼任九三学社中央内部刊物《九三社讯》的主编。

由扬州调来任《九三社讯》编辑、后来成为太平天国史研究专家的祁龙威，此时与储安平发生了短暂的人生交集。在颁赏胡同院内那个小楼的会议室，祁龙威第一次见到了储安平。他说，那时天气还冷，储安平穿着一件米色呢子大衣，身材高大，仪表堂堂……

之前，《九三社讯》是个不定期出刊、类似于文件汇编的册子。储安平接手后，《九三社讯》改为半月刊。储安平对每期稿件都要亲自改、亲自校，然后亲自签批付印。而且，每期都写有按语，署名"安平"。时隔55年，祁老回忆道：

> 储安平主编《社讯》，有了编辑计划，每期编哪几个内容，都由储安平定。他手下就我一个人，储安平定，我具体编。

> 内容有了改观。薛愚看了新《社讯》说："这个刊物过去我根本不看，昨天晚上我一口气就看完了。"

> 晚上开中常会，许德珩主席看见我从他身边走过，招呼说："喂喂，《社讯》办得不错，接着办好噢！"

> 过去《社讯》印好后，交秘书组分装，再交邮局寄发，很耽误时间。储安平负责后，礼拜天，他与宣传部的同志一起把《社讯》卷封起来，及时交邮局寄出去。储安平办事相当认真，业务强，讲求效率。

> 我送稿到《光明日报》总编室。有时，他说："我叫食堂送客饭，你是不是与我一起吃？"吃过午饭，他说："我要回家睡个午觉，你是不是搭车回颁赏胡同？"当时光明日报社在西单绒线胡同，储安平住在护国寺那边的棉花胡同，正好路过。

储安平来后，他与楼邦彦（时任北大法律系教授，九三学社北京分社宣传部长）要求列席常委会。他们一到常委会问题就多了。他们要提问，要发表意见。宣传部干部吴铁峰说："储安平他们来了就不同了，常委会有生气了！"

储安平共编了四期《九三社讯》。储安平不愧为大手笔，这几期社讯经他一番摆弄，面貌和内容焕然一新。

1957 年 5 月 1 日，中共中央发出《关于整风运动的指示》，决定在全党进行一次反对官僚主义和主观主义的整风运动。

从 5 月 8 日到 6 月 3 日，中央统战部连续召开了 13 次民主党派负责人和无党派人士座谈会，鼓励大家帮助共产党整风。

在思想逐步敞开，批评空气日渐浓烈的时候，储安平出席了 6 月 1 日统战部召集的座谈会。会上，储安平以《向毛主席和周总理提些意见》为题发言。他说："解放以后，知识分子都热烈地拥护党，接受党的领导。但是这几年来党群关系不好，而且成为目前我国政治生活中急需调整的一个问题。这个问题的关键究竟何在？据我看来，关键在'党天下'的这个思想问题上……党领导国家并不等于这个国家即为党所有，大家拥护党，但并没忘了自己也还是这个国家的主人……但是在全国范围内，无论大小单位，甚至一个科一个组，都要安排一个党员做头儿，事无巨细，都要看党员的颜色行事，都要党员点了头才算数，这样，是不是太过分了一点?"他还提到毛泽东说的与民主党派组成联合政府的问题:"开国以后，也还像个联合政府的样子。可是后来政府改组，且不说中央人民政府的几个非党副主席，椅子搬到了人大，现在国务院的副总理有十二位之多，其中没有一个非党人士……"

储安平的发言，转天在《人民日报》全文发表，引起轩然大波。

据方亮回忆，储安平本不拟发言，但是事先统战部有关人员要方亮动员他发言，会上主持人也一再要他讲话。储安平最终没能保持缄默。

不过，以储安平的性格和为人，他不可能缄默。早年在英国受到的教育使他认定，实现民主政治需要有良好健全的舆论。他早在《观察》上就曾撰文说:"我们既要求有一个有风度的政治，我们就得先希望有一个有风度的舆论……论政的人与从政的人都须度量宽大，心平气和。"

6月8日，中共中央发出《关于组织力量准备反击右派分子进攻的指示》。同日，《人民日报》发表毛泽东起草的社论《这是为什么?》。反右派斗争迅即在全国展开。

祁龙威回忆:"我在九三辞职离京前，去看储安平。他问我:'我在中央统战部座谈会上的发言，你在外面听到些什么?'我说有人赞成，有人不赞成。储安平指着办公桌上的读者来信说:'你看，赞成的人还是很多嘛，天下本来就是人民的天下。'"

1957年7月7日晚，在持续揭发批判储安平的九三学社中央常委扩大座谈会上，储安平为自己作了辩解。他说，4月1日到光明日报社工作，思想上有十六个字，"百花齐放，百家争鸣"，"长期共存，互相监督"，以后又加上一个"放"字，计十七个字，中心思想是鼓励大家鸣放。其次是偏重民主党派的组织独立，忘了党的领导。再者是全面改版，想要办成一个能够互相监督的报纸，对党对政府批评……最后重申：他和章、罗只是思想上的共鸣，政治上没有共谋。他到光明日报社的一套做法，刚好符合章罗同盟的野心。对此，在场人士认为储安平极不老实，态度恶劣，纷纷起而批判。

不久，《人民日报》又发表了另一篇社论《文汇报一个时期的资产阶级方向》，指出："让大家鸣放，有人说是阴谋，我们说，这是阳谋。因为事先告诉了敌人：牛鬼蛇神只有让它们出笼，才好歼灭他们，毒草只有让它们出土，才便于锄掉。"

7月13日，陷于口诛笔伐的储安平，在第一届全国人大第四次会议上作了《向人民投降》的检查——从标题可以看出他内心的挣扎，自尊心让他还在抗辩：天下是人民的。

对储安平的批判，当以九三学社中央与光明日报社联合举行的三次大会，声势和规模最为浩大。每次出席大会的除了九三学社社员、光明日报社职工以外，还有国家机关工作人员、高校代表，人数达千人以上。

1957年下半年，仅《人民日报》发表的批判储安平的文章，就有175篇之多。

储安平被打成大右派，所任《光明日报》总编辑，九三学社中央委员、宣传部副部长，以及第一届全国人大代表资格，相继被罢免。储安平的子女与他划清界限，第二任妻子也离他而去。那一年，他48岁。

1966年6月，"文化大革命"爆发。储安平屡遭抄家殴打。在红卫兵最为猖獗，批斗最为惨烈的"红八月"，储安平来到京西青龙桥下潮白河自杀——由于他个子高，河水浅，被警察救了上来。问明他的工作单位是九三学社，连夜把他送到西四颁赏胡同。社中央机关造反派把储安平关在后院一间小屋里，让他小儿子送来铺盖。那时，自杀，是"自绝于人民"的反革命犯罪行为。就在准备再次召开批斗大会时，储安平不见了。从此活不见人，死不见尸。

储安平与他的两个儿子

曾经与储安平一起办过报纸的冯英子，认为储安平纵然才气纵横，"其实归根结蒂他只是一个书生，当别人在引蛇出洞时，他却自投罗网，竟以身殉，这不仅是知识分子的悲剧，也是中国的悲剧"。

5 却道乍暖还寒时

那段时间，许德珩的日子也不好过。

说起许德珩惹上的麻烦，主要有两件事：一是组织大发展，二是签发了毛主席在颐年堂座谈时提到的关于高校领导体制问题的讲话记录。这是他挨整的两宗大"罪"。

许德珩作为分管组织工作的社中央主席，可以说在推动组织发展方面最为着力。整风运动之始，《人民日报》报道："九三学社主席许德珩谈到'长期共存'问题时说：有人说民主党派害了'带病延年'症，我们九三学社带病是带病了，是否能够延年，还是个问题……既然是长期共存，无论如何要有人来搞工作，无论如何要有组织成员呀！这个问题不解决，我们不敢检查统战工作。"

据方亮的批判发言，1956 年初，九三学社有社员 1195人，到 1957 年夏，发展为 6225 人，增加了 5 倍多。在各民主党派发展成员的比例中，确属最大，而作为九三学社主席的许德珩，责无旁贷。

至于签发毛主席讲话记录一事，祁龙威回忆说：

　　一个礼拜五的下午，储安平跑到社中央机关跟宣传部干部吴铁峰说，4 月 30 日毛主席与各民主党派负责人座谈时的讲话，民盟已经传达，九三怎么还不传达？储安平这么一讲，九三不能不传达了，当晚就开会传达。许老拿个小本本，说几句就看看记录，东一句西一句，不大连贯。袁俊通知我作记录，要我转天把许老的传达整理出来。我没有积极性，另外也不好整理。第二天，袁俊说，民盟已经整理好了，叫他们打印了一份，我借来给你参考参考。我就基本照着民盟整理的传达稿抄了一遍。吴铁峰让我在稿纸上誊写好，送到水产部，请许主席审阅。许老用毛笔一张一张地改，改了两遍，毛主席说的"我建议撤销高校党委"那句话都没有动。然后许主席签发，传达到全社。下边有人得知毛主席要撤销高校党委，兴高采烈。后来追查，九三哪里来的这个文件？许多人因此被打成极右派。

1957年8月29日，新华社以《许德珩的重大错误受到批判》为题报道："九三学社中央常务委员会8月3日、4日、7日、8日、11日分别举行十八、十九、二十次扩大会议，批判九三学社主席许德珩关于批发'撤销高等院校党委制'的错误记录、近二年来他所一贯坚持的大发展和长时期以来他的个人专断作风等重大错误……会上很多同志指出：……由于这一错误文件的下达，在鸣放期间给很多九三学社的地方组织、基层组织和社员引出了错误的政治方向，在不少高等学校起了点火作用，给党、给人民、给九三学社带来了不可弥补的损失。"

　　同日,《人民日报》还刊登了新华社长篇消息《九三学社要到哪里去?》,点名批判许德珩。反右斗争的激流把许德珩冲入了危险的漩涡。关键时刻,还是周恩来伸出援手,使得他有惊无险地度过了劫波。

　　1957 年 7 月,五国渔业会议第二次会议在苏联莫斯科召开。能否出席此次会议,作为水产部部长的许德珩,心中忐忑不安。许德珩找到周总理,周总理让许德珩照常赴莫斯科开会,并安慰他说:“我们不会把你与章、罗一样看待,苏联的会你放心去开,国内有事,我替你解释。”

　　许德珩归国后,在国务院全体会议上向周总理汇报了苏联之行。周总理批评许德珩说:“九三学社最初传达时,很多人都说没有民盟传达的好,不过瘾,最后将民盟的版本借来传达,九三让民盟篡夺了……”周总理还说:“楚生,我们是快四十年的老朋友了,在南开时,我们很敬佩你,后来也曾共同奋斗。希望你要好好想想这个问题,你在那次三十二人的会议上检讨得不深刻,只说看过稿子,改了几个字,不能服人。”能够听得出,周总理的批评,实际上是对许德珩委婉的保护。

　　吴铁峰则以未经孙承佩批阅、径自把传达记录稿送许德珩签发,被划为右派分子。

　　1958 年 1 月,九三学社中央四届三次会议,根据《各民主党派中央关于处理党派内部右派分子的若干原则规定》,对中央委员会中的右派分子作出社内处分决定。薛愚、袁翰青、陆侃如、杨肇燫、周拾禄、高觉敷、陈明绍、储安平、洪涛、顾执中、漆文定、陈时伟等 12 人被撤销了社中央常委、委员、候补委员资格以及相关职务。

除此，社员中被打成右派分子的还有楼邦彦、董渭川、孟昭英、谢家荣、雷海宗、程千帆、顾学颉、秦瓒、傅筑夫、启功等一大批著名专家学者。已于1952年因故退社的吴藻溪，也被划为右派分子，撤销了国务院参事职务。

据九三学社中央整风工作委员会报告统计，"半年多来，全社揪出了右派分子649人，占社员总数的10.4%。其中，中央委员13人，占中委的15.8%，分社委员75人，占分社委员总数的19.9%"。

1957年8月29日，《人民日报》发表社论《各民主党派的严重任务》，称"各民主党派在总的方面还是资产阶级的政党，还没有成为真正为社会主义服务的政治力量"。要求各民主党派必须对自己的成员进行"破资本主义立场，立社会主义立场"的教育。

面对沉重的政治压力，民主党派成员甚感困惑。从九三学社天津分社当年的整风材料中可以看到，在社内整风中，社员对把民主党派定性为资产阶级，表示不理解。他们说："参加九三学社是为了紧跟共产党，为了追求进步，谁知原来是资产阶级的政党，入社岂不是绕了弯子？"也有社员非常懊悔地说："如果知道民主党派是资产阶级的政党，说什么也不加入！"一些社员不承认自己是资产阶级知识分子，认为自己是脑力劳动者，"靠技术吃饭，为社会主义服务，为什么还说是资产阶级知识分子？"还有社员提出："民主党派内部出了大量右派分子，给党带来了麻烦，不如解散、取消算了。"有的社员甚至对九三学社的前途失去信心，要求退社。而更多的社员由于害怕因言获罪，从此不再公开讲话，以沉默自保。

天津社员的疑惑心理和消沉态度，可以说是当时民主党派成员思想状况的一个缩影。

1958年12月，九三学社第二次全国社员代表大会通过的《社章总纲》，把九三学社的性质修改为"一个以资产阶级知识分子为主要成员的民主党派"。大会选举出第五届中央委员会，许德珩再次当选为中央委员会主席，梁希、周培源、潘菽、茅以升、涂长望、严济慈当选为副主席，孙承佩任秘书长。会议决定，将社刊《九三社讯》更名为《红专》。

1957年的反右斗争，以及随后的批判"资产阶级权威"，拔"白旗"等极"左"做法，严重打击、伤害了知识分子和民主党派成员的积极性。加之大跃进、人民公社化运动的失误，国家建设和人民生活出现了极度困难。毛泽东和中央领导的头脑逐渐冷静下来，开始纠正某些"左"的错误，松弛日益紧张的社会关系。

这时，"双百"方针重又出现在报纸上，并且开始为"改恶从善"的"右派"分子摘帽。在1961年底召开的"七千人大会"上，毛泽东号召大家"白天出气，晚上看戏"。1962年3月间，周恩来和陈毅在广州会议上为知识分子"脱帽加冕"——脱掉"资产阶级知识分子"之帽，加上"劳动人民知识分子"之冕。陈毅还向与会人员行了"脱帽礼"，会场里响起了六十多次掌声和笑声。

广州会议，虽然没有公开报道，"小道新闻"却不胫而走，牵动着广大知识分子和民主党派成员敏感的神经。

为了鼓励大家说话，营造宽松的政治气氛，那段时间，从中央到地方，在统战部的精心组织下，各民主党派还纷纷召开了颇具创意、别开生面的"神仙会"。

1960 年 7 月 25 日至 9 月 5 日，九三学社召开五届三次扩大会议。其间大小会议计约 750 次，是九三学社历时最长的一次大会，被称为"四十三天神仙会"。会议贯彻自己提出问题、自己分析问题和自己解决问题的"三自"和不戴帽子、不打棍子、不抓辫子的"三不"方针，以和风细雨的方式，让出席会议的代表们，重新呼吸到了春天的气息。

北大中文系教授游国恩，有《百字令·神仙会毕，书以自励》纪之："神仙大会，开过了屈指四十三日。结果如何？总算得一次空前收获。残暑微凉，和风细雨，谈笑开胸臆。宜人形势，者番能破能立。记得学习多方，摆中还有议，提高认识，感到心情舒畅后，妄念一时都息。下定决心，看谁能做到，红专第一。丹成九转，仍须不断努力。"

经过政策调整，意识形态领域呈现出一个相对宽松的"小阳春"。然而，接踵而来的"文化大革命"，将这刚刚聚拢在人们心头的暖意，再次扫荡殆尽。

6 划时代的贡献

1966 年 6 月，"文革"狂飙席卷中国大陆。红卫兵冲进颁赏胡同 4 号，将九三学社中央机关据为红卫兵西城纠察队总部。在红卫兵的勒令下,许德珩被迫亲书大字报声明:"九三学社自即日起取消。"

"文革"十年,浩劫空前,野蛮暴力横行,冤狱遍天下。

"文革"一开始,著名心理学家潘菽就被污为"反动学术权威",受到迫害和折磨。除了大会小会反复批斗,酷暑炎夏,还罚他身穿厚重的皮袄打扫院子……直到对他失去兴趣,将其贬为传达室看门人了事。然而,潘菽坚信,被斥为伪科学的心理学是"砸不烂的,也是取消不了的"。他利用挨整的间隙,背地里仍然坚持着自己的研究,假借写"检查",著述不辍。当人们庆幸从劫难中终于熬过来时,潘老令人惊讶地捧出了50多万字的《心理学简札》初稿,完成了我国以马克思唯物主义观点为指导进行心理学研究的一部力作。

著名历史地理学家谭其骧,从1955年起主持编绘《中国历史地图集》。"文革"中,他抵御着大批判的狂风暴雨,不改学术研究之心,执着地在浩如烟海的史籍中蒐辑稽考。到了1974年,谭其骧终于完成了8巨册《中国历史地图集》初稿,集我国历史地理研究之大成,是新中国社会科学界取得的最重要成就之一,不仅对中国和东亚历史研究提供了基础性的科学保障,而且在外交、行政区划、国土整治和开发等领域,也具有极为重要的实用价值和深远意义……

1963年12月25日,收音机里传出播音员激动而豪迈的声音:"新华社消息,我国原油产量已超额完成今年国家计划,品种增加,石油产品可以基本自给。中国人民使用'洋油'的时代,即将一去不复返了!"

中国甩掉了"贫油国"的帽子，在世界上挺直了腰杆。然而，人们并不知道，在这盖世功劳的背后，饱含着黄汲清、谢家荣、顾功叙等我国地质科学家多少艰辛的跋涉和探索。

过去，国际地质学界一直信奉"海相生油论"，断定中国是贫油国。然而，黄汲清早在20世纪40年代就提出了两个重要论点：一是"陆相生油论"，另一个是"多期多层含油论"。20世纪50年代，在李四光、黄汲清、谢家荣等人的建议和主持下，我国以松辽平原、华北平原、四川盆地和鄂尔多斯高原为四大重点，展开野外普查工作。经过几年的努力，相继发现大庆油田、胜利油田和大港油田。黄汲清的理论对我国油田的普查和勘探，做出了划时代的贡献。

"文革"中，黄汲清脖子上挂着地质系统"头号反动学术权威"的黑牌子，屡遭批斗。他被关进地下狱室，与外界隔绝180多天。最后，他被下放到江西峡江县坑西村五七干校，当了100多头猪的猪倌。当他终于回到北京时，他一手组建的"大地构造研究室"和技术队伍已不复存在，满耳充斥的竟是有关发现大庆油田的不实宣传。

黄汲清（1904～1995），四川仁寿人。1924年从北洋大学预科进入北京大学地质系。

黄汲清

1932 年赴欧洲留学。1935 年获得瑞士浓霞台大学理学博士学位。回国后，黄汲清历任国民政府中央地质调查所所长，北京大学和中央大学兼职教授，1948 年当选为中央研究院首批院士。

新中国成立后，他先后担任西南军政委员会委员，西南地质局局长，地质部石油地质局总工程师，中国地质科学院副院长。1955 年被聘为中国科学院地学部委员。黄汲清还是瑞士联邦理工学院自然科学名誉博士，美洲地质学会名誉会员，苏联科学院外籍院士，中国地质学会第 15、32 届理事长。

黄汲清的贡献，不仅限于中国油田勘探方面。黄汲清一生撰写论文 200 多篇，专著 150 余种。他对中国重要含煤地层——二叠系全面的总结研究，得到国际地质界的高度重视，称其为"黄二叠"。黄汲清的《中国主要地质构造单位》一书，是国内外久负盛誉的权威著作。他建立的多旋回构造运动学说，对于中国地质构造、岩浆活动、矿产分布等方面的研究具有很大的指导意义，为我国发掘地下资源做出了重要贡献。

黄汲清 1954 年加入九三学社，历任九三学社第四、五届中央委员，第六、七届社中央常委。

谢家荣（1898～1966），出生于上海。地质学、矿床学家。1955 年被聘为中国科学院学部委员。1956 年加入九三学社。

谢家荣

1913 年，谢家荣考入工商部地质研究所，该所的领导者和主要教员都是中国地质事业的奠基人——章鸿钊、丁文江和翁文灏。1917 年，谢家荣被选派赴美留学深造，1920 年获理学硕士学位。

谢家荣是我国开展矿床学研究的先驱和主要奠基者之一。他于 1920 年撰写的《矿床学大意》，系统阐述矿床学理论与实践问题，总结了中国矿床的分布和成因分类，拓宽了矿床学研究领域。1922 年中国地质学会成立，谢家荣被选为首届理事会书记，并先后两次担任中国地质学会会长。

谢家荣是我国发现矿床最多的地质学家。他指导发现了安徽凤台磷矿、南京栖霞山铅锌矿、甘肃白银厂铜矿等一批重要矿产。特别是基于他对煤地质学的研究以及对中国大地构造、古地理和煤田地质的深刻理解，1946 年找到了淮南八公山煤田，在地质界一时传为佳话。1948 年，他发表了《铀矿浅说》，是我国铀矿地质学研究的拓荒之作。

谢家荣在 1930 年发表的论著《石油》，是中国学者撰写的最早的石油科学专著。1935 年他在《地理学报》上发表《中国之石油》，着重讨论了四川、陕西含油盆地的远景，对西部地区的石油勘探提出建议。1937 年，他在地质调查所《地质汇报》上发表《中国之石油储量》，专门提到塔里木盆地，认为"此区亦颇有重视之价值"。

20 世纪 50 年代以来，谢家荣兼任燃料工业部石油地质顾问，对全国的石油地质普查勘探工作起了重要的指导作用。谢家荣是我国最早提出陆相生油的学者之一，更是注意到在华北和东北平原找油的第一位地质学家。我国石油地质领域最重大的成就，即是松辽盆地大庆油田的发现——而松辽盆地，就是谢家荣为之命名的。他和李四光、黄汲清一起，获得了国家自然科学一等奖。

与此同时，谢家荣还非常热心教育事业。他在 20 世纪 30 ~ 40 年代，曾任北京大学地质系主任。新中国成立后，他创办南京地质探矿专修学校，为即将开展的大规模社会主义经济建设，造就出百余名地质矿产科技人才。而石油、冶金、煤炭等系统许多地质骨干，也多出自谢家荣门下。

1950 年，谢家荣任全国地质工作计划指导委员会副主任，兼计划处处长。根据多年的丰富经验，他划定了一批重点矿区勘探基地与技术负责人选，对完成国家第一、二个五年计划，提供了可靠的保障。1956 年，谢家荣任地质部地质研究所副所长，与孙云铸、黄汲清等一起拟定了中国地质和矿产研究的总体规划。

1957 年，谢家荣被错划为右派分子。"文革"中，谢家荣不堪凌辱，在北京含冤辞世。

谢家荣从事地质工作 50 年，著述等身。1988 年，学术书刊出版社出版了他的遗著《中国矿床学》，聊以告慰谢老在天之灵。

1950 年加入九三学社的地球物理勘探、地震学家顾功叙（1908 ~ 1991），1934 年 9 月由清华大学留学生预备班，进入美国科罗拉多矿业学院学习。1936 年获地球物理学硕士学位，到加利福尼亚理工学院地球科学系做研究工作。

抗战期间，回国服务的顾功叙，以几台简陋的仪器，开始了我国早期的物探工作。新中国成立后，顾功叙领导了地质部系统的物探工作，对中国地球物理勘探事业、石油等矿产资源的发现及开发，以及推进我国地震预报研究，做出了开创性的贡献。

顾功叙历任北平研究院物理研究所研究员，地质部地矿司副司长，地球物理勘探局总工程师、副局长，中国科学院地球物理研究所副所长，国家地震局地球物理研究所名誉所长。1955 年被聘为中国科学院学部委员（院士）。

"文革"结束后，在 1982 年隆重召开的全国科学技术奖励大会上，有 49 位九三学社社员（57 人次）获奖，其中就有为我国地矿和石油事业做出卓越贡献的黄汲清、谢家荣、顾功叙。

7 动地惊天建奇勋

1964 年 10 月 16 日，罗布泊上空腾起一朵炽烈的"蘑菇云"。我国第一颗原子弹爆炸试验成功，举世震惊。

首都北京，许德珩家中。许德珩读了《人民日报》号外，激动不已。许老举着报纸，面对来访的严济慈连声赞叹："了不起！这是哪个搞出来的？"严济慈笑答："哪个？去问你家女婿嘛！"直到这时，许德珩尚且不知，原来是自己的爱婿邓稼先，悄悄干了这件惊天动地的大事情。

许德珩之女许鹿希回忆说："因为那个工作是非常保密

的，上不告父母，下不告妻子儿女，因此，我父母都不知道他在做什么工作。"

"两弹元勋"邓稼先

邓稼先，1924年出生在安徽怀宁闻名遐迩的"铁砚山房"，他是清代著名金石书法大家邓石如的六世嫡孙。1945年邓稼先在西南联大毕业，经同窗好友杨振宁联系，于1948年来到美国普渡大学物理系深造。1950年，在周恩来的直接关怀下，邓稼先取得博士学位后第九天，便与200多名欧美留学生一起，冲破阻力回到祖国，进入中国科学院。从此，这位20多岁的"娃娃博士"与钱三强、彭桓武、王淦昌等专家一起，投入了中国近代物理研究所的筹建工作，成为我国研制和发展核武器技术的主要领导者之一。

邓稼先从接受研制两弹的特殊任务之时起，就下定了舍生奉献的决心。他告别夫人许鹿希时说："以后家里的事全托付给你了，我的生命全部献给未来的事业了！"就这样，1958年以后，邓稼先神秘地"消失"了。

茫茫无际的戈壁荒原上，邓稼先冒着严寒酷暑，风餐露宿，克服了各种难以想象的艰难险阻，在试验场度过了整整10年单身汉的生活。

"十年动乱"期间，邓稼先背负着巨大的政治压力，忍受着

妻子被批斗抄家、同胞三姐被迫害致死的精神折磨，排除极"左"路线的干扰，与战友们一起坚持进行核试验。他们运用有限的科研

邓稼先、许鹿希夫妇和他们的孩子

和试验手段，以惊人的毅力和勇气，突破了一个个技术难关。

邓稼先是核试验的领导，却总是在最关键、最危险的时候出现在第一线。有一次空投预试，氢弹未能爆炸。为了查明失败的原因，邓稼先说了句"谁也别去，我是总指挥!"，只身闯进那片意味着死亡之地的试验场，双手捧出哑弹……就是这一次，射线侵入了他的躯体。然而，病情逐渐加重的邓稼先，执意坚守戈壁核试验区，拒绝调回北京治疗。从此，病房成了他的工作室。

距成功进行第一次核试验不到三年，我国又一颗氢弹爆炸成功。一时间，国际上纷纷猜测，中国研制氢弹是不是得到了苏美专家的帮助。杨振宁来到中国访问，看望邓稼先时，也禁不住探询有没有美国人参与中国的"两弹"研制。邓稼先沉默未答。当杨振宁返美前夕，在上海的饯行宴会上，他意外收到了邓稼先委托信使送来的一封便笺。原来邓稼先征得周总理同意，将"两弹"完全是靠中国自己的力量研制成功的实情写在纸上，以报老友。杨振宁读罢，感动得泪水奔涌而出……

1986 年，国内公开报道了"两弹元勋"邓稼先的事迹。当人们以敬仰的心情颂扬这位功臣时，他已辞世而去，终年 62 岁。

早在 1951 年，邓稼先便参加了九三学社。

1999 年，中共中央、国务院、中央军委隆重表彰为研制"两弹一星"做出突出贡献的 23 位科技专家。王淦昌、邓稼先被追授"两弹一星功勋奖章"。

王淦昌与邓稼先，作为我国核武器的主要研制者，还曾于 1986 年 5 月荣获"原子弹的突破及武器化""氢弹的突破及武器化"两项国家科技进步特等奖。

王淦昌

王淦昌（1907～1998），江苏常熟人。1934 年，王淦昌在德国柏林大学获得博士学位。回国后，先后在山东大学物理系、浙江大学物理系任教授。1948 年，王淦昌获得范旭东奖金，赴美短期工作。

1950 年，王淦昌在中国科学院近代物理研究所任研究员。他主持宇宙线研究，领导建立了云南高山宇宙线实验站。1956 年在苏联杜布纳联合原子核研究所任研究员，兼任副所长，领导一个以中国物理学家为骨干的研究组，开展基本粒子的研究。1959 年发现反西格马负超子，被杨振宁称为"杜布纳联合研究所唯一值得称道的工作"。

中苏关系恶化后，苏方以高薪挽留。王淦昌怀着一颗报国之心，毅然归来。1961 年王淦昌任二机部九院副院长，从事核物理研究和科研的领导工作。1964 年 12 月，在王淦昌倡导下，我国开始进行激光核聚变研究。1978 年，王淦昌调回北京，任核工业部副部长，兼原子能研究所所长。在他的直接领导下，先后开展了强流电子束惯性约束核聚变和氟化氪（KrF）激光惯性约束核聚变的基础性研究工作，为后来的惯性约束聚变获取核能做了开创性工作。王淦昌为我国和平利用核能事业倾注了大量心血。

1982 年，王淦昌因发现反西格马负超子和研制试验核武器方面的贡献，荣获两项国家自然科学一等奖。1984 年，柏林自由大学授予王淦昌荣誉证书，以纪念他在柏林大学获得博士学位 50 周年。这种荣誉是为获得博士学位 50 年后仍在科研第一线工作的科学家设立的。人们称这样的科学家为"金博士"。

王淦昌还曾担任二机部副部长、中国物理学会副理事长、中国核协会理事长、中国科协副主席等职。1955 年被聘为中国科学院学部委员。1950 年 10 月，经严济慈介绍，加入九三学社。历任社第四、五、六届中央委员会委员，社第七届中央常委，社中央参议委员会主任，社中央名誉主席。为第五届、六届全国人大常委会委员。

九三学社还有一位被追授"两弹一星功勋奖章"的社员，那就是为我国第一颗人造卫星上天做出突出贡献的著名气象学

赵九章

家、地球物理和空间物理学家——赵九章。

赵九章（1907～1968），浙江吴兴人，出生于河南开封。1933年清华大学物理系毕业后，赵九章通过庚款考试，于1935年赴德国柏林大学深造。1938年获博士学位。回国后，在西南联大任教。1938年，赵九章把数学和物理引入气象学，研究信风带主流间的热力学，完成了我国第一篇动力气象学论文——《信风带主流间热力学》，成为中国动力气象学的创始人。

1944年，经竺可桢教授推荐，赵九章主持中央研究院气象研究所工作。解放军渡江前夕，坐落在南京北极阁的中央研究院气象研究所，奉命迁往台湾。赵九章和所内科学家们抗拒"成命"，一起留了下来，迎接新中国的诞生。

新中国成立后，赵九章组建了中国科学院地球物理研究所。1956年，赵九章任国家科学技术委员会气象组组长，1955年被聘为中国科学院学部委员。

从20世纪50年代后期开始，赵九章以极大的热情投入我国空间事业的创建工作。1958年，他提出"中国发展人造卫星要走自力更生的道路，要由小到大，由低级到高级"的重要建议。60年代初期，中国科学院成功地发射了气象火箭，箭头仪器舱内的各种仪器及无线电遥测系统、电源及雷达跟踪定位系统等，都是在赵九章领导下，由地球物理研究所研制的。他们还研制了"东方红 1 号"人造卫星使用的多普勒测速定位系统和信标机。

1964 年秋，赵九章向国务院提交了开展卫星研制工作的正式建议。1965 年实施人造卫星发展计划的 651 设计院成立，赵九章主持科学、工程技术方面的工作。他对中国卫星系列的发展规划和具体探测方案的制订，对中国第一颗人造地球卫星、返回式卫星等总体方案的确定和关键技术的研制，起了重要作用。

然而，赵九章未能等到 1970 年 4 月 24 日那一刻。"文革"中，赵九章受尽迫害与折磨。当中国第一颗人造卫星上天时，这位享誉海内外的卓越科学家，已于一年半以前赍志而殁。

1958 年赵九章（右一）率中国科学院
大气物理代表团访苏

赵九章 1951 年加入九三学社，历任九三学社第三、四、五届中央委员会委员。

"两弹一星"的研制成功，不仅使中国的国防实力发生了质的飞跃，而且广泛带动了中国科技事业的发展，极大地增强了中国人民开拓前进的信心和力量，显示了中华民族自立于世界民族之林的卓越才智和百折不挠的坚强毅力。

十年浩劫，还有许多社员，被加上莫须有的罪名，在极其艰难困苦的条件下，矢志不渝，坚持专业研究，为我国科技文化教育事业，做出了卓著的贡献。他们是共和国的功臣，是中国知识分子的杰出代表，是九三学社的骄傲……

五　崇高使命

1976 年 10 月，"四人帮"覆灭，宣告十年"文革"的终结。

中共十一届三中全会决定，全面纠正"文化大革命"及其以前的"左"倾错误，把工作重点转移到经济建设上来，实现了伟大的历史转折，揭开了我国改革开放的序幕。

知识分子成为工人阶级的一部分，解除了强加在民主党派身上的资产阶级政党的桎梏。在新时期爱国统一战线指引下，九三学社走出闭门改造的窘境，面向社会，开拓进取，为两个文明建设贡献力量。

特别是 1989 年《中共中央关于坚持和完善中国共产党领导的多党合作和政治协商制度的意见》[中发(1989) 14 号] 发表以来，九三学社秉承民主、科学、爱国的宗旨，担负起崇高的历史使命，加强自身建设，履行参政党职责，在国家事务管理、国家大政方针的制定和协商，维护社会稳定、促进改革开放、推进我国民主政治建设等方面，发挥着重要作用。

1 参政党地位的确立

1976年的金秋，十年浩劫的阴霾终于散尽，光明重回中华大地。举国上下一片欢腾，各项工作开始拨乱反正。

一年以后，中共中央统战部与各民主党派、工商联负责人协商，决定恢复各民主党派、工商联的组织活动。

于是，各民主党派中央临时领导班子很快搭建起来，集中在位于北京东安门北街93号的全国工商联联合办公。

九三学社由许德珩、周培源、潘菽、茅以升、严济慈、孙承佩组成临时领导小组，开始摸查各地组织和成员情况。

1978年12月，中共中央召开了十一届三中全会，决定全面纠正"文化大革命"及其以前的"左"倾错误，把工作重点转移到社会主义现代化建设上来，实现了伟大的历史转折。

1978年春，邓小平在全国科学大会上指出，从旧社会过来的知识分子，"他们的绝大多数已经是工人阶级和劳动人民自己的知识分子，因此也可以说，已经是工人阶级自己的一部分"。

1979年，邓小平又特别提出，民主党派"已经成为各自所联系的一部分社会主义劳动者和拥护社会主义的爱国者的政治联盟，都是在中国共产党的领导下，为社会主义服务的政治力量"。

邓小平的讲话，彻底打破了极"左"路线的桎梏，解除了套在知识分子和民主党派头上的"资产阶级"的紧箍咒。没有经过反右和"文革"的人，很难准确估量邓小平这番讲话的政治魄力，也难真正认识其重大而深刻的历史与现实意义。《红旗》杂志一篇特约评论员文章，曾有这样的概述：

> 从1957年到1976年，前十年由于党的指导思想发生了左的偏差，党的知识分子政策开始偏离了正确的方向，知识分子工作也经历了曲折的道路。主要表现是轻视知识分子，歧视知识分子，以种种罪名排斥和打击了一些知识分子，使不少人长期蒙受冤屈。这种错误倾向，在长达十年的"文化大革命"中，发展到了荒谬绝伦的地步，把广大知识分子污蔑为"臭老九"，把学有所长、术有专攻的知识分子污蔑为"反对学术权威"……摧残知识分子成为十年浩劫的重要组成部分。

只有看到中国知识分子20余年所遭受的磨难，才能感同身受地体会当时广大知识分子获得新生般的喜悦，也才能够理解，听了邓小平的讲话，九三学社社员、南京天文台台长张钰哲竟然热泪纵横，泣不成声，而农科院院长金善宝则会无比激动地说："我今年82岁了，但是，我心中充满了青春的活力，我要把82岁当成28岁来过……"

1979年10月，九三学社第三次全国代表大会在北京召开。度尽劫波的老朋友再次相见，百感交集，恍如隔世。周培源在报告中感慨地说：今天在这里开会的代表们，大多数是大难不死的人……

大家记得，1957年6月，九三学社共有社员6225人。经过反右和十年"文革"，到1978年底统计，全社还剩4148名社员，减员2000余人。这个数字，怎不令人触目惊心？

获得新生的九三学社，在这次大会上选举产生了第六届中央委员会，许德珩当选为主席，周培源、潘菽、茅以升、严济慈、税西恒、金善宝、卢于道、王竹溪、柯召、孙承佩当选为副主席；秘书长由孙承佩兼任。另外，原来一直担任全国政协副主席的许德珩，改任全国人大常委会副委员长。

这时，重新修改的《九三学社章程总纲》明确表述：九三学社"是一个以社会主义知识分子为主要成分的民主党派，是社会主义劳动者和拥护社会主义的爱国者的政治联盟，是党领导下的为社会主义服务的政治力量"。这一来之不易的科学定位，让九三学社苦苦等待了二十余年。

在拨乱反正、平反冤假错案中，落实政策的任务相当艰巨。九三学社中央成立了落实政策领导小组。孙承佩、李毅带领两个调查组分赴各地，调查了解社员在"文革"中受冲击的情况，推动落实政策工作全面展开。

根据中共中央决定，除储安平外，九三学社被划为右派分子的400余人，全部获得改正，恢复了名誉。在"文革"中被批斗、抄家、下放甚至被迫害致死的社员，社中央和地方组织，协同各级统战部门，推动有关单位，彻底为他们平反。在被查抄物资的退赔、被占房屋的清退、职务职称工资待遇的恢复、配偶子女的生活安置，以及为蒙冤死去的社员召开追悼会等方面，做了大量工作，使这项复杂而艰巨的任务，得以在较短的时间内顺利完成，并且取得了较好的政治影响。

通过落实政策，九三学社的各项工作也相应开展起来。在为四个现代化建设服务方面，开拓了新的工作领域，呈现出一派活跃喜人的局面。

从恢复活动至1982年底，九三学社发展新社员6546人，总数达到11014人；新建地方组织44个，全社地方组织达到78个，基层组织579个。全国各省、自治区、直辖市，除西藏、台湾外，都建立了工作委员会或筹委会，为随后进行的"分社"改建省、市分级的委员会制，做好了准备。

此时，九三学社社员无不感到如沐春风，如鱼得水。政治上深受信任，心情上极为舒畅，工作上干劲倍增，为现代化建设多做贡献的热情空前高涨。

1982年，中共十二大报告将"长期共存、互相监督"八字方针，发展为"长期共存、互相监督，肝胆相照、荣辱与共"十六字方针。"文革"中，"走资本主义道路当权派"与"反动学术权威"同台被批斗，"黑帮人物"与"白专干将"合蹲牛棚，中国共产党与民主党派患难与共，确是一荣俱荣，一损俱损。事实证明：中国共产党与各民主党派的亲密合作关系，有着深厚的历史根源，存在着坚实的思想基础和社会基础，经得住狂风暴雨的考验，十六字方针正是中国共产党与民主党派亲密政党关系准确而深刻的写照。

在此期间，九三学社有 1088 人当选为各级人大代表和政协委员，其中 54 人为全国人大代表，107 人为全国政协委员，292 人担任了各级人大和政协的领导职务，一些社员还担任了政府部门的领导职务。

1983 年 6 月，周培源当选为第六届全国政协副主席，严济慈当选为全国人大常委会副委员长。在国家政治生活中，九三学社参加国家大政方针的协商讨论，积极开展有关四化建设的调查研究，建言献策，发挥着越来越重要的作用。

1983 年 12 月，九三学社第四次全国代表大会选举产生了第七届中央委员会。94 岁高龄的许德珩再次当选为九三学社中央主席，周培源、潘菽、茅以升、严济慈、金善宝、卢于道、柯召、孙承佩、徐采栋、郝诒纯（女）、安振东当选为副主席，赵伟之任秘书长。成立了以孙承佩为主任的中央执行局，主持社中央的日常工作。

严济慈

五年后，九三学社第五次全国代表大会接受许德珩辞去主席职务的请求，选举周培源为第八届中央委员会主席。许德珩、严济慈、茅以升、金善宝改任名誉主席。

1988 年 10 月，社刊《红专》更名为《民主与科学》。周培源撰写了题为《弘扬民主科学精神，促进社会主义事业》的发刊词。许德珩为《民主与科学》创刊号挥毫寄语："五四精神永存,民主科学万岁"。

这个时期,民主党派的政党意识逐渐增强,要求扩大民主权利、改善民主党派政治地位、更加切实有效地进行政治协商和民主监督的呼声日高。

在邓小平的建议下,经中共中央与各民主党派协商,1989 年 12 月,制定出了多党合作制度的纲领性文件——《中共中央关于坚持和完善中国共产党领导的多党合作和政治协商制度的意见》[中发(1989)14 号]。其中两项内容,具有划时代意义:一是确定中国共产党领导的多党合作和政治协商制度是我国一项基本政治制度,二是首次明确了各民主党派的参政党地位,把坚持和完善多党合作和政治协商制度,列为社会主义民主政治建设的重要内容。另外,还规定了民主党派"一个参加,三个参与"的参政基本点,提出了履行民主监督职责的总原则,丰富了多党合作的内容,为民主党派在国家政治生活中发挥参政议政、民主监督作用,提供了广阔的空间。

1993 年,全国八届人大一次会议通过宪法修正案,把"中国共产党领导的多党合作和政治协商制度将长期存在和发展"写入了国家宪法。这样,中国共产党领导的多党合作,从形式到内容,纳入了制度化、规范化、法律化的轨道。

参加中国共产党,是许德珩的夙愿。1979 年 3 月 3 日,许德珩对前来看望他的社中央副主席兼秘书长孙承佩说:"三中全会以后,我对党更加热爱。我唯一的愿望,就是在我身后能追认我为一名中国共产党党员。"随后，用毛笔郑重书写了入党申请书，请孙承佩转呈中共中央统战部。

1983 年 5 月，许德珩在家中迎接邓颖超来访

3 月 24 日，由邓颖超、乌兰夫介绍，经中共中央批准，许德珩光荣地加入了中国共产党。同日，许德珩抑制不住激动的心情，致信邓颖超：

敬爱的邓大姐：

……我承您和乌兰夫副委员长的介绍，加入了伟大、光荣、正确的中国共产党，以遂我毕生的意愿，没有适当的言语来表达我的感谢心情，您给了我第二次政治生命，犹如一九六九年当文化大革命时我患肠癌，危急万分的时候，您和总理的照顾给了我躯体的第二生命一样，我只有以最大的努力，忠诚地为党工作，为党效尽我一切的力量来报答您……

1990年2月8日，许德珩逝世，享年100岁。党和国家领导人同首都各界人士参加了遗体告别仪式。25日，《人民日报》发表了《许德珩生平》，纪念这位毕生追求民主与科学，为了国家独立和民族解放，不屈不挠、英勇奋斗的爱国者、杰出的九三学社领导人。

2 科学家的本色

1992年，年届九十的周培源主席，从九三学社中央的领导岗位退了下来。12月底，九三学社第六次全国代表大会召开，中国科学院、中国工程院院士，著名泌尿外科专家吴阶平，当选为九三学社第九届中央委员会主席。周培源、严济慈、金善宝任九三学社第九届中央委员会名誉主席，王淦昌为参议委员会主任。

周培源，中国近代力学和理论物理奠基人之一。1902年出生于江苏省宜兴一个书香之家。1924年经清华学校选派，周培源进入美国芝加哥大学数理系学习。1928年，周培源获美国加利福尼亚理工学院理学博士学位，1929年回国，被聘为清华大学物理系教授。

1936年，周培源利用假期来到美国，参加了爱因斯坦领导

周培源

的广义相对论讨论班，从事相对论引力论和宇宙论的研究。1937年返国。抗日战争爆发，周培源受校长梅贻琦之托，安排学校南迁，先后担任长沙临时大学和昆明西南联合大学物理系教授。在这期间，他抱着科学家应为反战服务，以科学拯救祖国危亡的志向，毅然转向流体力学方面的研究。

1943年，周培源再次赴美，先在加利福尼亚理工学院从事湍流理论研究，随后进入美国国防委员会战时科学研究与发展局海军军工试验站，从事鱼雷空投入水的战事科学研究。1947年2月周培源携全家回到北平，继续在清华大学任教。

中华人民共和国成立后，周培源历任清华大学教务长、校务委员会副主任，北京大学教务长、校长。周培源从事高等教育60多年，积累了丰富的经验，形成了自己的教书育人风格和理念，培养了几代知名的科学家。王竹溪、彭桓武、林家翘等，都是他早期的学生。周培源被誉为"桃李满园的一代宗师"。

周培源对爱因斯坦广义相对论中的引力论，还有流体力学中湍流理论的研究，奠定了湍流模式理论的基础，初步研究证实了广义相对论引力论中"坐标有关"的重要论点。

　　早在 20 世纪 50 年代，国家考虑建设长江三峡水利枢纽工程时，周培源曾两次到武汉参加三峡工程会议，并前往预选的三斗坪坝址考察。20 世纪 80 年代，在阅读了全国政协关于三峡工程的调查报告和有关材料后，周培源认为三峡工程不仅仅是工程技术问题，还涉及经济、生态、社会、淹没区的矿藏，甚至军事、人防等许多问题，而且建设周期长，包括长期投资的利息在内，耗资将以千亿计。国家要在近期建设这项工程，必将延缓其他急需上马的建设项目，更何况尚有不少重大问题有待研究，因此，建议要在综合国力明显允许的条件下，经过严肃认真的科学论证，方可考虑三峡工程的施工。有鉴于三峡工程影响巨大，须从全局更高层面进行考量，于是，在周培源的主导下，九三学社中央多次组织专题调研，反复论证，于1986 年春提出《关于三峡工程的意见和建议》，供中共中央、国务院决策参考。社中央有关领导，多次列席国务院全体会议，参加三峡工程论证会，提出了许多重要的意见和建议。

　　1988 年 9 月，86 岁的周培源不顾年迈，接受全国政协的委托，率领 182 位政协委员奔赴湖北和四川有关地区视察。回京后，周培源又以个人名义写了报告，向中共中央提出建议。对此，周培源说："你光给领导同志送一面之词，让他如何做正确判断？几十年里我们深受其害，今天不能再说假话。""关于三峡工程的争论，实质上是要不要科学、要不要民主、要不要决策民主化的问题。"周培源还在《光明日报》上发表文章，殷殷提醒："主管部门尤其不能主观地追求兴建一座超世界水平巨型工程而流芳百世，否则会欲速不达，适得其反。

再说一句，如果不经过各个方面的反复论证，没有充分的科学依据，就仓促上马，势必后患无穷，遗臭万年。"在三峡工程一片立即上马的声浪中，周培源如中流砥柱，体现了一位科学家的本色。

三峡工程，倾注了周培源与张光斗等九三学社专家们的心血。三峡工程的建设成功，自然离不开他们宝贵的科学论证与诤言。一些九三学社的新社员，谈到入社动机时，都会提到：是九三学社，尤其是周培源主席，尊重科学与实际，坚持真理，不唯上，不违心，对国家和人民事业高度负责，敢于讲真话讲实话，感动了他们，让他们看到了九三学社在国家政治生活和经济建设中的作用，对九三学社产生了由衷的钦敬与向往……

周培源为人正派，从不阿谀奉承，投机取巧。"文革"期间，炙手可热、呼风唤雨的中央文革小组组长陈伯达，跑到北京大学，向周培源提出要召开万人大会，批判爱因斯坦的相对论。周培源不畏权势，旗帜鲜明地指出：爱因斯坦是打不倒的。顶住了"四人帮"蔑视科学的这股歪风。

林彪事件后，1972 年 7 月，周恩来总理在接见美籍华人科学家访问团时，对在座的周培源讲，要把综合大学的理科办好，提高基础理论水平。于是，周培源上书周恩来，分析了造成中国基础科学停滞不前的原因，真实地反映了当时环境下，高校教育工作者欲干不能、欲罢不忍的尴尬状态。之后，周培源又在《光明日报》上发表了《对综合大学理科教育革命的一些看法》。在那黑云压城、万马齐喑的年代，周培源的意见犹如夜空云罅露出的星光，让人们看到了一位科学家忠诚爱国、实事求是的宝贵精神。

生活上，周培源十分简朴。1987 年，周培源将 600 多平方米家传祖宅，捐献给家乡宜兴作为科普文化活动站，把收藏多年的 145 幅珍贵书画，捐赠给无锡市博物馆。为了表彰周培源夫妇的义举，无锡市政府特别颁发了一笔奖金。周培源夫妇立即将这笔奖金的大部分，分别捐赠给他们的工作单位北京大学和清华大学附中，作为科学基金与奖学金。此后，周培源夫妇又两次捐赠奖金，希望"人人享受科学技术的恩惠"。

周培源捐献古代书画仪式，雷洁琼、宋健、
赵朴初出席（前排从左至右）

3　薪火相传　政治交接

九三学社从诞生之日起，就高举民主科学的旗帜，投身于新民主主义革命的爱国运动。爱国、民主、科学的精神，早已成为九三学社承前启后、薪火相传的血脉基因和核心价值理念。

20世纪90年代，九三学社步入新老交替的关键时期。以建设适应新世纪要求的参政党为目标，把加强自身建设，继承和发扬九三学社的优良传统，搞好政治交接，提到了重要日程。

早在1992年，九三学社中央就在《九三学社中央关于加强自身建设的意见》中提出，各级组织要刻不容缓地把加强自身建设，特别是领导班子建设和后备干部队伍建设，作为大事来抓，并明确提出物色人选的要求和方法。1995年底，省级组织在上下结合，认真考察的基础上，提出了后备队伍名单。

九届四次和五次全会上，增补了王选和黄其兴两位副主席，还有多位中央委员和常委。

1997年11月，九三学社在北京召开了第七次全国代表大会。在社十届一中全会上，吴阶平再次当选为中央委员会主席，安振东、王文元、赵伟之、洪绂曾、金开诚、王选、黄其兴、刘应明、闵乃本、谢丽娟当选为副主席。任命刘荣汉为秘书长。推举王淦昌为名誉主席。

大会决议对实现跨世纪的新老交替和政治交接，做出了明确要求。这次换届，九三学社中央委员调整比例达到43%。在保证政治素质的前提下，向年轻化迈出了一大步。

吴阶平（1917～2011），江苏常州人。毕业于北平协和医学院，医学博士，泌尿外科专家。中国科学院、中国工程院院士。1952年加入九三学社。

吴阶平长期从事泌尿外科的临床和科研工作，是中国泌尿外科的先驱者之一。曾11次为5个国家元首进行治疗，被苏加诺总统授予"伟大公民"二级勋章。先后荣获巴黎红宝石最高荣誉奖章，首届中华人口奖科学奖，比利时皇家医学科学院荣誉勋章，英国爱丁堡皇家外科医师学院荣誉院士称号，何梁何利基金科学与技术进步奖（医学奖）。

在思想建设方面，九三学社不断探索新思路、新方法。为了使广大社员深入了解社的历史和优良传统，社中央编撰了《九三学社简

全国人大常委会副委员长、九三学社中央主席吴阶平在高层政治协商会上发言

史》，于1998年5月出版发行。社中央下发通知，在全社开展"学社史，继传统，迎接新世纪"的读书活动。读书活动包括阅读、培训、专题讲座、社庆纪念、宣传学习社内先贤、征文等多种形式，使爱国、民主、科学精神，在全社唱响，让九三学社的优良传统，深入社员心扉。

在总结经验的基础上，1999年6月制定了《九三学社中央关于加强思想建设的若干意见》。社中央建立和完善学习制度，加强社的各级领导干部和骨干的学习培训，努力打造高素质的骨干队伍。

社中央每年召开全国宣传工作和信息工作会议，分析问题，交流经验，表彰先进。在全社开展向王选和黄昆学习，向

闵乃本等同志学习的活动。利用社会传媒和社刊，报道九三学社的重要活动，介绍社员的先进事迹，出版《九三学社院士风采》专辑……通过宣传和学习活动，褒扬模范社员的奉献精神和爱国情怀，激励广大社员在做好本职工作和发挥参政党作用方面，积极进取，奋发有为。

为了提高九三学社各级领导和骨干的理论素养，夯实多党合作的思想基础，社中央组织社内理论专家，开展关于参政党理论的研究。结合社员思想认识上存在的一些疑问和现实中的热点难点问题，撰写出《关于参政党若干理论问题的思考》一书，供各级领导和社员骨干学习参考。

2002 年 12 月，在九三学社第八次全国代表大会上，57 岁的韩启德院士当选为九三学社第十一届中央委员会主席。王选、陈抗甫、洪绂曾、金开诚、刘应明、闵乃本、谢丽娟、冯培恩当选为副主席。推举吴阶平为名誉主席。

社十一届二中全会上，增补贺铿为社中央副主席。十一届四中全会上，增补王志珍、邵鸿为社中央副主席。

韩启德，1945 年 7 月生，浙江慈溪人。1995 年加入九三学社。北京大学医学部主任，教授。中国科学院院士，发展中国家科学院院士，美国医学院外籍院士，中国海外交流协会会长。长期从事分子药理学与心血管基础研究，1993 年获得国家教委科技进步一等奖，1995 年获得国家自然科学三等奖。

社会主义市场经济的多元化和时代的信息化，带来人们思维方式、价值观念、行为准则等诸多方面的深刻变化，对传统的思想政治工作提出新的挑战。九三学社清楚地认识到，思想

九三学社八大选举出的第十一届中央委员会领导班子成员
（左起）陈抗甫、闵乃本、王选、洪绂曾、韩启德、
金开诚、刘应明、谢丽娟、冯培恩

政治工作只有摒弃僵硬而空泛的形式主义，贴近现实，贴近社员需求，采取灵活多样的形式，有针对性地开展工作，才能取得预期的效果。

2004年，九三学社中央思想建设研究中心成立，一些省市组织也陆续成立了相应的机构。全社联动，开展社员思想状况调研，分析和把握社员的思想脉搏，及时了解他们的需求，以期有的放矢地开展工作。

为了配合换届，社中央启动政治交接学习教育活动，下发《关于开展以坚持走中国特色社会主义政治发展道路为主题的政治交接学习教育活动的意见》。社中央和地方组织建立健全了领导班子学习制度、工作机制和内部约束机制。建立后备干部队伍名单和全社人才数据库。从中央到地方，有计划地安排社员骨干到各级社会主义学院进行学习培训，到国家部委和中西部地区挂职锻炼，加强对后备干部的培养、锻炼和推荐使用。指导省级组织顺利完成换届工作，一批优秀中青年社员走上领导岗位。

社中央和社省市级机关按照《公务员法》的要求，完成了机关公务员的登记备案工作。制定了《九三学社中央关于加强机关建设的意见》，机关管理进一步规范。

2007 年 12 月，九三学社第九次全国代表大会在北京召开。韩启德继续当选为第十二届中央委员会主席，陈抗甫、冯培恩、贺铿、王志珍、邵鸿、谢小军、张桃林、赖明、马大龙当选为副主席。社十二届四中全会上，增补丛斌为社中央副主席。

为了把九三学社切实打造成高素质的参政党，新一届社中央领导，不负重托，肩负使命，扎扎实实地推进"人才强社"战略。加强以自我约束为重点的内部监督机制建设，制定实施《九三学社中央监督委员会工作条例》和《九三学社中央关于地方组织建立健全领导班子谈心会制度的意见》，下发《九三学社中央关于加强省级组织领导班子后备干部队伍建设的意见》，进一步规范相关工作。

2009 年，九三学社中央参政党理论研究中心、社史研究中心相继成立，一些地方组织也成立了专兼研究机构，构建起交流协作、信息畅通的研究网络。九三学社中央集中力量，规划和实施社史工程：拍摄社史专题片，出版"九三人物系列丛书"，编辑《社史研究通讯》，抢救整理社史音像和文字资料，创办社史陈列馆……将社史研究与继承发扬九三学社优良传统结合起来，以有声有色的生动形式，力求社史教育深入人心，取得实效。

2012 年 12 月，九三学社第十次全国代表大会召开。韩启德再次当选为第十三届中央委员会主席，邵鸿、谢小军、张桃林、赖明、马大龙、丛斌、赵雯、卢柯、武维华、印红当选为副主席。印红兼任秘书长。会议还选举产生了社中央监督委员会，邵鸿当选为主任委员，丛斌、刘政奎当选为副主任委员。

另外，韩启德由全国人大常委会副委员长，改任第十二届全国政协副主席。

在这次大会上，对于继承发扬九三学社优良传统，加强以爱国、民主、科学为核心价值的九三学社文化建设，被提到了更为深刻的认识层面，受到与会代表的普遍认同。大会报告提出：文化建设直接关系到我社的生存和发展，关系到我社的凝聚力和生命力。我们必须在准确把握我社阶段性特征的基础上，随着时代的变化，赋予爱国、民主、科学精神新的内涵，顺应全体社员精神文化的新期待，着力加强九三学社文化建设，以此全面带动自身建设……

4　人格魅力与自主创新精神

2002年2月1日，北京人民大会堂灯火辉煌。国家科学技术奖励大会在这里隆重举行。在热烈的掌声中，国家主席江泽民为荣获2001年度国家最高科学技术奖的王选、黄昆颁发证书。

王选与黄昆都是九三学社社员。此时，王选还担任着九三学社中央副主席的职务。两位社员包揽年度国家最高科学技术奖的消息，在九三学社迅速形成了一股欢悦的旋风。社员们传递着这个喜讯，分享着这份荣耀。

王选院士

王选（1937～2006），祖籍江苏无锡，1937年生于上海。中学就读于上海南洋模范学校。1954年考入北京大学数学力学系，攻读当时尚处冷门的计算数学专业。

1961年，王选参与了北大自行研制的中型计算机"红旗机"的逻辑设计和系统调试任务。紧张的工作和严重的营养不良，使他患上了重病。养病期间，王选撑着虚弱的身体，坚持从事 ALGOL60 高级语言编译系统的研究，于1967年获得成功。

1975年，王选对国家正要开展的汉字激光照排项目产生了兴趣。当时，他只是一名38岁的北大助教。他抛开国家计划研制的二代机、三代机，大胆跨越，直接研制西方还没有产品的第四代激光照排系统。针对汉字的特点和难点，他发明了高倍率信息压缩技术和高速复原方法，率先设计出相应的专用芯片，在世界上首次使用"参数描述方法"描述笔画特性，并取得欧洲和中国的发明专利。这些成果开创了汉字印刷的一个崭新时代，引发了我国印刷出版业"告别铅与火，迈入光与电"的技术革命，使我国传统出版印刷行业，仅用了短短数年时间，走完了西方几十年才完成的技术改造道路，被公认为自毕昇发明活字印刷术后，中国印刷技术的第二次革命。因此，王选两度获得中国十大科技成就奖和国家科技进步一等奖，并于1987年获得我国首次设立的印刷界个人最高荣誉奖——毕昇奖。

1988年后，王选以北大方正集团的主要开创者和技术决策人，提出"顶天立地"的高新技术企业发展模式，大力倡导技术与市场的结合，闯出一条产学研一体化的成功道路。

王选不无感慨地说："从1975年到1993年这18年中，我一直有种'逆潮流而上'的感觉，这个过程是九死一生的，哪怕松一口气都不会有今天的成功。"

很难想象，在这18年的科研道路上，病痛缠身的王选和妻子陈堃铼过着怎样的生活：没有寒暑假，没有星期天，甚至不分白天和黑夜……正是凭着这种锲而不舍、艰苦顽强的拼搏精神，才有了汉字激光照排系统，才有了方正彩色出版系统的相继推出和广泛应用，成为我国自主创新和以高新技术改造传统产业的杰出典范。

然而，王选对于这些成绩并不满足。他认为，仅以中文出版系统进入海外市场，不能算作走向了国际。只有开发出非中文领域的出版系统，打入发达国家，才算真正做到了国际化。在他的策划和组织下，一个新型的日文出版系统于1997年面世，并迅速在日本报刊、印刷和广告制作业得到推广应用。同时，以栅格图像处理器RIP为核心的产品，销往世界各地。

王选不仅在科研和市场开拓方面摹旗夺寨，战绩辉煌，对于教书育人，亦谆谆恂恂，堪称楷模。他胸怀宽广，虚位让贤，甘为人梯。即使身患绝症，仍然不忘奖掖后学，呼吁尊重人才。

王选的突出成就，受到国内外广泛的称赞。王选还先后荣获：1985年首届中国发明协会发明奖，1986年日内瓦国际发明展览会金奖，1989年中国专利金奖，1990年陈嘉庚技术科学奖，1995年联合国教科文组织科学奖，何梁何利科学与技术进步奖，还有全国先进工作者、有突出贡献的中青年专家、全国高等学校先进工作者、北京市劳动模范、"首都楷模"等荣誉称号。

王选获奖无数，誉满天下。但是他一如故我，淡泊自适，始终过着简朴的生活。身为两院院士、北大方正控股董事局主席，他仍然居住在北大分配的70平米单元房里。地上铺着地板革，除了书柜，家中几乎没有什么陈设。几番动员，王选不肯搬入院士楼。他说："我已退居二线，住这个房子就行了。若有可能，应尽量改善在一线工作的年轻人的居住条件，现在都靠他们出成果。"

王选夏天一身白衫黑裤，冬天外罩一件夹克。仅有的一两身西装，只在正式场合才肯"面世"。他的手稿大多写在废纸背面，打印纸都是两面使用……2002年，王选将所获得的国家最高科学技术奖奖金及北大颁发的奖励金，共计900万元，设立"王选科技创新基金"，支持和鼓励青年科技工作者从事具有基础性、前沿性的中长期科技创新研究。他在海内外获得的其他奖金，也全部捐赠给了北大的有关院系。王选认为，人生最大的快乐，不是物质享受，而是创造。

　　人们或许不知，这样一位严谨勤奋的科学家，却还有着另一番生活情趣。也许是小时候父亲常带他去戏院听戏的缘故，使王选爱上了京剧。王选的姐姐、姐夫都是九三学社社员。偶尔聚会，姐夫操琴，王选纵情高歌，唱的竟是铜锤花脸。王选担任全国政协副主席期间，忙里偷闲，热心地分管起全国政协"京昆室"的活动。锣鼓铿锵，弦歌悠扬，瞬间陶醉其中——足见王选的戏瘾之大。

　　作为全国政协副主席、九三学社中央领导人，王选不肯尸位素餐，无论业务如何繁忙，他都不忘自己担负的政治责任。2003年10月，王选不顾病痛，率全国政协委员视察团，调研留学回国人员在北京的创业情况。不久，发现癌细胞转移，王选仍然边治疗边工作。医院的治疗一结束，他便匆匆赶往九三学社或者全国政协的会场——据不完全统计，有30多次会议或者活动，是王选在化疗、放疗期间出席的。

　　2005年，王选病情恶化。但是他抚痛疾书，将多年科研和市场打拼的心得，写成《自主技术产品出口的若干思考》《试谈科研成功的因素》《要有超过外国人的决心和信心》等文章。8月16日，病情稍有好转，王选又出现在中共中央召开的十一五规划民主协商会上，呼吁国家科研经费应重点投向充满活力和创新能力的科研团队。10月14日，王选吃力地写下长达7000字的《给优秀人才提供良好的创新环境》一文，这是王选念念不能释怀，向决策机构提出的最后建议。

王选与夫人陈堃銶合影

靠鼻饲维持生命的王选，不忍心再浪费国家的财力物力和医生们的精力，他坚决请求：不要再为自己输血，把血源留给最需要的病人……

王选去世后，其夫人陈堃銶教授根据王选遗愿，拿出 100 万元，发起设立九三学社"王选关怀基金"，为经济困难的社内离退休重病患者提供一定的医疗补助。之后，在九三学社中央、地方组织和广大社员的支持下，北京九三王选关怀基金会于 2007 年 4 月正式成立。截至 2012 年底，基金会共捐助 131 人，捐款金额 306 万元，基金余额 400 万元。

经国际小行星中心和国际小行星命名委员会批准，编号为 4913 号的小行星，正式命名为"王选星"。

平生德义人间颂，身后何劳更立碑。王选高尚的人格魅力，自主创新的拼搏精神，永远感动和激励着广大科技工作者和九三人。

5 交相辉映的科技群星

与王选同时荣获 2001 年度国家最高科学技术奖的，还有著名固体物理学家黄昆。

黄昆（1919～2005），祖籍浙江嘉兴，出生于北京。1955 年被聘为中国科学院学部委员（院士）。1957 年加入九三学社。

1941 年，黄昆毕业于燕京大

黄昆院士

学物理系，1944 年获北京大学硕士学位。后考取公费生留英，1947 年获布里斯托大学博士学位。在此期间，黄昆撰写了《稀固溶体的 X 光漫散射》等 3 篇论文。黄昆的漫散射系统理论，21 年后得到证实，被国际科技界命名为"黄散射"，成为研究固体中杂质状态的重要依据。1947 年 5 月，黄昆到英国爱丁堡大学物理系，与当代物理学大师、诺贝尔奖获得者玻恩（Born）合作，共同撰写了《晶格动力学理论》专著，成为国际公认的权威著作，哺育了世界上几代科学家的成长。1950

年黄昆与合作者首次提出了多声子的辐射和无辐射跃迁的量子理论，即"黄－佩卡尔理论"。1951 年黄昆首次提出了晶体中声子与电磁波的耦合振荡模式及有关的基本方程，被称为"黄方程"。

1951 年，黄昆回到祖国，先后任北京大学物理系教授、副主任，半导体教研室主任。在普通物理课程体系、半导体物理教育体系以及固体物理等课程的教学建设方面，做出了一系列奠基性的工作，培养了一大批优秀的科技人才。还出版了《固体物理学》《半导体物理基础》和《晶体管－晶体管数字集成电路》等著作。

1956 年，国家制订十二年科学技术发展规划，把半导体列为国家重点科技研究项目。黄昆参与制订了我国发展半导体科学技术的规划，并组织实施。60 年代初期，黄昆率先在北京大学组织了固体物理领域的基础研究——固体能谱研究，建立了研究室和实验室。

1977 年，黄昆调任中国科学院半导体研究所所长，在"晶体中电子非辐射跃迁理论""半导体量子阱和超晶格理论"的研究上取得了新的成就。在黄昆主持下，成立了我国半导体超晶格国家重点实验室，开创并发展了我国在这一崭新领域的研究工作。

黄昆还是瑞典皇家科学院外籍院士、第三世界科学院院士。1987 年任中国物理学会理事长。是第三届全国人大代表，第五、六、七、八届全国政协常委。

2011 年 1 月 14 日，北京人民大会堂。一位鹤发童颜的学者缓步走上主席台，当国家主席胡锦涛将 2010 年度国家最高科学技术奖证书授予这位 91 岁的老人时，热烈的掌声经久不息。获奖老人就是著名金属学及材料学家师昌绪。

师昌绪，1920 年出生于河北徐水。1980 年被聘为中国科

师昌绪院士

学院学部委员（院士），1994 年当选为中国工程院院士，1995 年当选为第三世界科学院院士。1956 年加入九三学社。历任九三学社第七届中央委员，第八、九届中央常委。

1945 年，师昌绪毕业于西北工学院矿冶系。1948 年 8 月留学美国，获密苏里大学矿冶学院硕士学位，芝加哥圣母大学冶金博士学位。因为时逢朝鲜战争，中国留学生回国受到限制。师昌绪只得在麻省理工学院谋得一个助理研究员职位。

1954 年，日内瓦国际会议上，周恩来总理对美国无理扣留中国留学生提出抗议。作为这次会议的成果，师昌绪得以进入"放回 76 人"名单，于 1955 年 6 月回到祖国，被分配到中国科学院金属研究所，历任金属研究所研究员、副所长、所长。

师昌绪来到沈阳，潜心钻研，一干就是 30 年。针对中国当时缺镍无铬的情况，主持研究开发出中国第一代铁基高温合金、铬锰氮不锈钢、耐热钢及铁锰铝奥氏体钢，并推广到工业生产。他领导开发了我国第一代空心气冷铸造镍基高温合金涡轮叶片，为中国航空工业的发展做出了重要贡献。

调到北京，师昌绪先后担任中科院技术科学部委员、学部主任，国家自然科学基金委员会副主任，中国工程院副院长，中国材料研究学会名誉理事长，中国生物材料委员会主席，国家科技图书文献中心理事长，两院资深院士联谊会会长等职。获得国家级科技奖及其他奖励十余项，发表论文 300 多篇，培养硕士生及博士生近百名。

2011 年 12 月，国际小行星中心发布第 77506 号公报，将第 28468 号小行星永久命名为"师昌绪星"……

2012 年 2 月 14 日，对于加速器物理学家谢家麟而言，可谓生命中华彩四射的一幕。在人民大会堂主席台上，国家主席胡锦涛给他颁发了 2011 年度国家最高科学技术奖证书，以表彰他为中国科学事业做出的杰出贡献。

谢家麟，1920 年出生于哈尔滨。1980 年被聘为中国科学院学部委员（院士）。1956 年加入九三学社。

1943 年，谢家麟毕业于燕京大学物理系。1947 年赴美留学，先后获得美国加州理工学院硕士学位和美国斯坦福大学博士学位。1953 年在芝加哥任直线电子加速器建造负责人，领导研制成功了当时世界上能量最高的医用直线电子加速器。

早在 1951 年，谢家麟取得博士学位后，就迫不及待地登上了归国的客轮。然而中途停靠檀香山时，被美方以"交战国掌握与军事资料有关的技术人员不得离开美国"为由,将他扣留。1955 年,谢家麟终于冲破重重阻碍,回到祖国。

谢家麟先后担任中国科学院高能物理研究所室主任、加速器部副主任、副所长,"北京正负电子对撞机"工程经理,北京自由电子激光课题负责人,合肥国家同步辐射加速器工程总顾问,粒子加速器学会理事长,高能物理学会副理事长等职。

1964 年,他领导研制成功了我国脉冲功率最大的速调管和可向高能发展的电子直线加速器,均获得全国科学大会的重大贡献奖。

谢家麟院士在荣获国家最高科技奖庆祝大会上

谢家麟兼任清华大学教授,开设加速器课程,并在中国科学院电子所讲授速调管课。合作出版了《速调管群聚理论》。谢家麟认为,推动加速器事业在我国的发展,人才培养是根本的问题。

"文革"末期，我国开始了以建造 50GeV 质子同步加速器为中心任务的"八七"工程，谢家麟被任命为加速器总设计师。1988 年，对撞机建成，它的亮度是美国同类机器的 4 倍。从此，我国在国际高能物理界占据一席之地。该项科研工程获国家科技进步特等奖。

谢家麟承担的"北京自由电子激光装置"，于 1993 年建成，出光达到饱和，成为继美欧之后亚洲的第一台红外自由电子激光装置，获 1994 年中科院科技进步特等奖、国家科技进步二等奖……

2014 年 1 月 10 日，在国家科技奖励大会上，国家主席习近平将 2013 年度国家最高科学技术奖，颁发给年过九旬的著名物理学家、核武器技术专家程开甲。

程开甲，1918 年出生于江苏吴江。1941 年毕业于浙江大学物理系。1946 年留学英国，获爱丁堡大学哲学博士学位。由玻恩推荐，任英国皇家化学工业研究所研究员。1950 年，程开甲谢绝了玻恩的挽留，回到了祖国。

回国后，程开甲先后在浙江

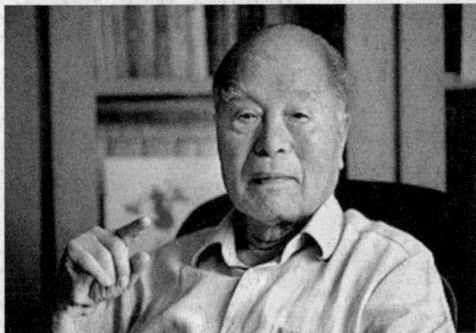

程开甲院士

大学、南京大学物理系任教。1960 年，一纸命令将程开甲调入北京，加入核武器研究的队伍。从此，程开甲隐姓埋名，学术界再难见到他的踪影。

1962 年，经钱三强推荐，程开甲成为我国核试验技术的总负责人，担任核武器试验研究所副所长。程开甲穿上了军装，将全部精力投入到中国核武器试验事业。从第一次踏入号称"死亡之海"的罗布泊，到回北京定居，程开甲在茫茫戈壁艰苦奋斗了 20 多年。

程开甲 1953 年加入九三学社。历任二机部第九研究所副所长、第九研究院副院长，中国核试验基地研究所副所长、所长，核试验基地副司令员，国防科工委科技委常委，总装备部科技委顾问等职。1980 年当选为中国科学院数学物理学部委员（院士）。1999 年获"两弹一星"功勋奖章。程开甲还多次获得国家科技进步特等奖、一等奖，国家发明奖二等奖和全国科学大会奖，何梁何利科技进步奖等奖励。

程开甲是全国人大第三、四、五届代表，全国政协第六、七届委员。

被中共中央、国务院、中央军委授予"两弹一星功勋奖章"的陈芳允（1916～2000），浙江台州人，无线电电子学、空间系统工程专家，1951 年加入九三学社。

陈芳允 1938 年毕业于清华大学物理系。1945 年在英国COSSOR 无线电厂研究室工作。新中国成立前夕回国，先后在中国科学院上海分院、中国科学院物理所工作。1976 年调入

陈芳允院士

国防科委，是中国卫星测量、控制技术的奠基人之一。

早在 20 世纪 70 年代初期，陈芳允就开始了通信卫星测控系统的研究论证，提出采用微波频段，多功能统一在一套设备上，同时实现跟踪测轨、遥测、遥控、数传。这个系统在我国发射第一颗同步通信卫星中发挥了很高的效用，获得 1985 年国家科技进步特等奖。作为我国回收型遥感卫星测控系统方案设计和制定工作的主要参加者，陈芳允为我国十几颗遥感卫星的成功回收做出了重要贡献。陈芳允提出并主持了"双星定位系统"的研制工作，并在 1989 年演示成功，在世界上第一次实现地面目标利用两颗卫星快速定位、通信和定时一体化。

陈芳允兼任国防科技大学教授、博士生导师，中国科技大学和北京大学兼职教授。1980 年被聘为中国科学院学部委员（院士）、技术科学部副主任。历任国防科工委科技委常委、中国人民解放军总装备部科技委顾问，国际宇航科学院院士，国际宇航联合会副主席。是第三届全国政协委员、第四届全国人大代表。

据不完全统计，自从国家奖励制度建立以来，九三学社获得省部级以上奖励的社员达 3 万多人次。除了以上介绍的王选、黄昆、师昌绪、谢家麟、程开甲、陈芳允，还有为胰岛素人工合成做出重要贡献，多次获得国家自然科学奖一、二等奖的生物化学家邹承鲁，开创"畴工程学"学科，确立我国光电功能材料研究优势地位，获得自然科学一等奖的闵乃本，以及年轻一代，如入选"国家特支计划"第一批杰出人才、科技创新领军人才名单的纳米材料专家卢轲，在量子物理和量子信息研究方面成绩斐然的潘建伟……做出卓越贡献的科学家，在九三学社不胜枚举。他们如同璀璨的群星，交相辉映，为九三学社平添了美丽的光彩和荣耀。

6 发挥优势 服务社会

打破"文革"前闭门改造的禁锢，面向社会，发挥自身优势，拾遗补阙，开展科技咨询服务和智力支边扶贫，是恢复活动后九三学社逐渐探索并走出的新路子。随着这项工作的蓬勃开展，九三学社各级组织与广大社员的精神面貌焕然一新，从而开创了民主党派为国家现代化建设服务的新方式、新局面。

据统计，从 1983 年到 1988 年五年间，九三学社地方组织建立科技服务机构 115 个，完成科技咨询支边扶贫项目 6063 个，举办各种函授、培训班 1691 个，学员 107018 人。创办和联合举办大、中专院校累计 268 所，学员 67471 人。还有不计其数的下乡入厂到社区的医疗咨询、义诊等公益活动……科教合作，兴学育才，支边扶贫，医疗咨询，都取得了较好的效果，赢得了社会各界的赞誉，扩大了九三学社的社会影响。

随着面向社会为四化服务的深入开展，在中共中央统战部和国家民委的大力支持下，九三学社开始了对贵州毕节地区和惠水县的长期定点支援。1988 年底，由社中央牵头，在北京召开了大西南经济振兴对策研讨会，联合西南四省五方的社会科学界，通过调查研究，为开发大西南和长江上游，提出了系统的对策建议。1989 年，九三学社组织 50 余位专家进行论证，提出了《关于建立长江上游生态保护和资源开发区的建议》，1991年由国务院三线办牵头实施。1992 年 4 月，九三学社又召开了第二次振兴大西南经济研讨会，提出了《大西南连片贫困岩溶地区脱贫与振兴经济建设报告》及 8 个附件。经国家科委、计委等 6 个部（委、办）及 6 个省 12 个地（州）的领导和社内专家共同论证后，由周培源主席函报中共中央总书记江泽民。这一新的科技服务形式，在社会上引起了较大反响。

九三学社地方组织在参与地方经济建设方面也创造了一些好形式，总结出一些好经验。如社四川省委发挥科技优势，为支持广元市发展经济开展的智力支边扶贫活动，效果显著，受到社会好评，被称为"九广"合作。1991 年"九广"合作列入社中央主抓的重要工作内容，数百次组织专家对口支援，签订了工、农、医、科、教等合作协议 150 多项，为广元培训各类专业人员，并配合有关单位争取落实项目资金。由此，广元被国家九部委列为西南地区唯一的"全国农科教结合示范区"，被农业部列为"全国乡镇企业东西合作示范区"。九三学社一批领导和专家被聘为"九广"合作高级顾问。

根据自身实力与优势，确定"九广""九临""九通"（即九三学社与四川广元、山西临汾、内蒙古通辽的合作）三个科技合作区，将国务院分配的扶贫联系县——旺苍县作为重点，明确了各个对口支援的地区和责任，扎扎实实开展工作，取得显著成效。时任中共中央总书记江泽民对"三九合作"给予了很高的评价。

1991年，九三学社承接了黔西南州星火计划的蔗糖、蚕桑、农业、林业、果树等5个项目，此外，九三学社还受国家科委、计委、民委、支边办、卫生部、全国妇联等部门的委托，在实施星火计划、医疗服务、资源开发等方面做了大量的工作。

1996年9月，在星火计划实施十周年表彰大会上，社中央副主席徐采栋因贡献突出，继1991年之后，再次荣获星火计划特别荣誉奖。

在"三九合作"中，对旺苍县的定点扶贫特别是对双峰村及木门小学进行的"一村一校"扶贫工作，体现了九三学社"不脱贫不脱钩，脱了贫也不脱钩"的可靠务实的负责态度。

为了解决世代困扰双峰村的饮水问题，1997年，九三学社中央先后拨款9万元，帮助双峰村购买水管，安装饮水设备，修筑蓄水池。当清澈的自来水流进双峰村的家家户户时，村民不禁欢呼"喝到了九三水"。九三学社中央还捐资引资，为该村修路，支持发展庭院经济，帮助双峰村和农林村修建瑞典粪尿分集式生态卫生厕所100多座，改善了卫生条件。

九三学社中央副主席徐采栋在黔西南农村调研

　　争取到台湾人士捐资办学项目，在旺苍县木门镇建立双凤小学。浙江、江苏、广西、四川等省级组织也先后捐款捐物，支持该校的教学事业。社中央还将该小学及其分校确定为定点联系学校，长期给予扶持。

　　在"三九合作"中，九三学社浙江省委为广元市引入的娃哈哈矿泉水生产线，2001 年产值突破 7000 万元。在社四川省委的帮助下，濒临倒闭的广元市广福制药厂，一跃发展成为年产值上千万元的现代化制药厂。社山西省委帮助临汾市安泽县建立了具有科技含量和相当规模的食用菌生产基地，取得良好的经济效益，使 1000 户农户脱贫。社北京市委为通辽市所做的城市规划实施后，效果明显，投资援建的通辽市九三门诊部也在当地闻名遐迩。

2000 年，结合农村生态能源建设，九三学社中央在贵州省毕节地区威宁县及贵阳市附近乡村，推广移植瑞典国家开发署的生态卫生厕所项目。在广西，经过数年努力，生态卫生旱厕技术得到全面铺开，20 多个县市建成生态卫生旱厕约 5 万座。农民的居住环境得到改善。

此后，九三学社中央负责社会服务工作的安振东、洪绂曾、黄其兴、贺铿、丛斌等副主席，多次率队深入老少边穷地区，进行考察和调研，密切协作。

尤其是九三学社八大以来，"三九合作"拓展为"九地合作"，实现了从较为单一的支边扶贫，到全方位为地方经济社会发展做贡献的提升与跨越。21 个省级组织与 50 多个地方政府，建立了"推动企业自主创新试点单位"，共建研究所，形成"九校地合作""九企合作"等产学研相结合的新模式。开展了 500 余次咨询活动，协助引进项目 1786 个，协调落实资金 12 亿元，涉及工业、农业、服务业等合作研究和开发推广项目上百项，推广绿色生态农业技术并进行新品种示范 100 多万亩。多党合作社会主义新农村示范项目，在北京、河南、重庆等省市选择了 10 个试点，围绕产业发展、科技培训、生态建村、文化强村等方面进行合作，促进了当地的经济结构调整，培育了优势产业，增加了农民收入，改善了当地环境。

2003 年春，一场非典型性肺炎疫情突然来袭。作为医学专家的全国人大常委会副委员长、九三学社中央主席韩启德，4 月 20 日在中共中央统战部召开的座谈会上，针对"非典"防治工作中存在的问题，提出五条专业性极强的科学建议。第二天，韩启德又致信全国人大常委会委员长吴邦国，呼吁防治"非典"工作要严格按照《传染病防治法》进行。韩启德多次与北京市委书记刘淇、代市长王岐山直接沟通，就北京"非典"疫情防治工作提出意见和建议。

在抗击"非典"的严峻斗争中，九三学社共提出"非典"防治建议 400 余条，各级组织和社员捐款捐物 240 余万元。共有 1716 名医务界社员坚守岗位，勇敢地战斗在防治第一线。他们以高尚的医德和精湛的医术，驱疫除害，保护生命。许多感人的事迹为民众所称颂，涌现出的先进人物，受到各级政府和单位的表彰。

2008 年 5 月 12 日，四川汶川发生 8.0 级强烈地震。按照统一部署，九三学社倾全社之力参与抗震救灾。各省市地方组织派出医疗队，运送救灾药品物资。广大社员纷纷慷慨解囊，捐款捐物，约计人民币 6000 多万元。九三学社中央投入资金 382 万元，先后完成帮扶青川县沙州镇江边村第二合作社、绵阳游仙区新桥镇民主村灾后恢复重建，帮扶都江堰天马敬老院生活配套设施用房建设和德阳什邡市南泉镇农村新能源建设等项目。

地震后，青川县沙州镇江边村已是一片废墟。九三学社筹集资金，邀请专家精心规划设计，以轻钢结构与"青瓦白墙人字梁"相结合，使获得重生的山村，呈现出一派崭新而和谐的川北风情。规划中，九三学社专家还特别重视生活设施的配套以及经济产业的发展，为震后灾区提供了一种科学的援建模式，被四川省确定为推广的样板。

2010 年 7 月，全国政协副主席、九三学社中央副主席王志珍来到内蒙古呼伦贝尔市，就牧区生态建设进行专题调研。据此，九三学社中央草拟了关于加强牧区生态建设的调研报告，报送中共中央、国务院。温家宝总理主持召开国务院常务会议，决定从 2012 年起，国家每年安排 134 亿元，在内蒙古、新疆等 8 个省区的草原牧区建立草原生态保护补助奖励机制。九三学社中央所提建议全部被采纳。

九三学社各级组织开展的医疗咨询服务，一直活跃在基层和缺医少药的老少边穷地区。社区街道，田间工矿，革命老区，少数民族聚居地，都留下了他们的足迹。

生活在高原地区的农牧民，因为紫外线照射强烈，许多人患上了白内障而得不到医治。2010 年 6 月，河北、山东两支医疗队，远赴贵州威宁，开始了以免费施行白内障复明手术为主，包括义诊、医疗培训等内容的"亮康行动"，使千余名患者重见光明。"亮康行动"不断延伸，在世界屋脊西藏、内蒙古草原、山东、河北、湖北等地建立"九三学社亮康行动推广基地"，累计实施复明手术 2 万余例。

据不完全统计，九三学社推动全民科普，开展"百名专家进乡村入学堂"和"国际科学与和平周"活动共 9000 余场次，受众达 200 万人次。捐款及捐赠药品价值 682 万元，发放科普资料 105 万份。推介招商引资项目 463 项。建立"九三院士工作站""九地合作专家工作站""科普进学堂活动基地""高校巡回学术报告团"以及"九三学社博士工作站"等具有九三学社特色的社会服务平台，也都取得了显著的效果。

2009年，九三学社被国务院扶贫开发领导小组评选为中央国家机关定点扶贫先进单位。

为更好地汇聚社内智慧，从2006年起，社中央每年举办一届"九三论坛"，聚焦一个时期的热点难点问题。例如针对粮食安全、县域经济发展、城乡统筹与城镇建设等课题，进行高层次、多层面、持续性的研讨，将社会服务与参政议政有机结合起来。

韩启德在九三学社中央援建的青川县沙洲镇江边村
二组重建工地看望浙江承建人员

九三学社发挥智力优势，开展社会服务，走过了 30 多年的历程。30 多年以来，九三学社不断提升社会服务质量，探索社会服务与履行参政党职责相结合的有效路径。应该看到，这项全社上下广泛参与的活动，其意义不仅在于所获得的社会效益。广大社员在将爱国热情和聪明才智贡献社会、服务人民的过程中，找到自己的位置，体现应有的价值，政治信念、归属感和社组织的凝聚力得以增强。通过社会服务这个广阔的舞台，锻炼了队伍，提升了精神，进而为履行参政党职责，调动和激发出蓬勃的朝气与活力。

7　参政议政　不辱使命

根据新时期工作重点的转移，通过调查研究，对四化建设中存在的问题提出意见和建议，供中共中央和政府有关部门决策参考，是九三学社 1980 年初在参加国家政治生活、参政议政、民主监督方面进行尝试、探索的一种新形式。

知识分子问题，是九三学社始终关注的重点。20 世纪 80年代，科技文教工作者工作强度大，生活待遇低，存在着严重的脑体倒挂现象。1982 年，根据中共中央关于检查知识分子工作的指示，九三学社中央成立了知识分子工作调查研究小组，并向地方组织发出《关于知识分子政策落实情况开展调查研究的决定》。经过近半年的调查研究，向中共中央书记处提出了《关于进一步落实知识分子政策的几点建议》，被制定政策时采纳。

社的"四大"以后，社中央就重大经济建设项目、科技和教育体制改革、知识分子问题等，组织专题调查，并首创研讨会形式，反复论证，提出书面意见和方案，供中共中央、国务院有关部委决策参考。如 1986 年提出的《关于三峡工程的意见和建议》，1987 年提出的《关于中年知识分子问题的意见和建议》，都受到了国家领导人和决策机关的重视，并且引起了社会各界的关注。

此时，无论是社中央还是地方组织，根据自身优势与特点，参政议政的形式不拘一格，灵活多样，所涉及的领域愈加广泛，作用和影响也日益明显。

1986 年 3 月，鉴于世界高新技术迅速发展与我国的现状，社员王淦昌、陈芳允与另外两位科学家王大珩、杨嘉墀，联名致信邓小平，提出跟踪世界先进水平，发展我国高技术的建议，得到邓小平高度重视，作出"此事宜速决断，不可拖延"的批示。国务院在听取专家意见的基础上，迅速制定出面向 21 世纪中国战略性高技术发展的 863 计划，拨款 100 亿元，选择生物、航天、信息、激光、自动化、能源、材料等 7 个技术领域的 15 个主题项目，不失时机地把我国推到了与世界高技术竞争的起跑线上。据 2001 年 2 月 14 日《人民日报》报道：863 计划实施十五年以来，成就突出，少花钱办大事，获国内外专利 2000 多项，产生间接经济效益 2000 多亿元。

1989 年，社天津市委主委黄其兴，在全国政协七届二次会议上提交了《建议国家制定国旗法》提案，得到国务院答复。《中华人民共和国国旗法》经七届全国人大常委会第十四次会议审议通过，自 1990 年 10 月 1 日起施行。

1995 年 6 月，九三学社中央制定了《九三学社中央关于参政议政、民主监督的暂行规定》。这是九三学社参政议政走向规范化、制度化的重要步骤。2000 年，社中央参政议政工作研究中心成立，从理论层面对切实履行参政党职能进行深入探讨。

1996 年，社中央副主席郝诒纯与唐有淇等 11 位专家，提出关于建立"国家基础科学人才培养基金"的建议，获国务院批准实施。

实现祖国统一，是海内外中华儿女的共同心愿。在开展海外联络，促进"一国两制"实现祖国统一大业方面，九三学社利用出国访问、学术交流、外贸活动，"走出去"，"请进来"，宣传"一国两制"政策，联络感情，密切交往，做了大量工作。

1997 年 7 月 1 日，香港回到祖国怀抱，百年耻辱终得湔雪。全国人大常委会副委员长、九三学社中央主席吴阶平，作为中国政府代表团成员，出席了在香港举行的中国政府恢复对香港行使主权的交接仪式。两年之后，中葡澳门政权交接仪式在澳门隆重举行。吴阶平主席再次作为中央政府代表团成员，出席政权交接仪式。

九三学社七大以后，在参政议政、民主监督方面，明显加大力度。全国政协副主席、社中央常务副主席王文元，亲自主持和参与调查研究，五年中领导主持调研 17 个，形成了一批高质量的政协提案和大会发言。

以全国政协九届会议为例：五年间，九三学社共提出提案509 件，大会发言 88 篇。提案和发言的数量、质量逐年提高。如社中央副主席洪绂曾领导调研提出的《关于切实做好我国"入世"后农业应对准备的紧急建议案》，对我国农业"入世"所面临的问题，提出了切实可行的应对措施，具有前瞻性，受到全国政协提案委员会和农业部的高度重视，为此专门召开了协商办理座谈会。

在 2002 年召开的第九届全国政协优秀提案和先进承办单位表彰会上，九三学社共有 15 件提案被评为优秀提案，受到表彰。其中包括《关于切实重视和加强高等职业教育案》（谢丽娟等人）、《关于固体废物污染现状及其防治对策的建议案》（冯培恩等人）、《关于吁请依法行政，切实制止耕地剧减的建议案》（邓浦东等人）、《关于加快垃圾收费及资源化的建议案》（赖明）等提案。

参政议政，民主监督，是参政党长期而艰巨的政治使命，不可能靠一两次精彩演讲、一两件爆冷门的提案就能交卷完事，更不能仅凭几个精英人物"惨淡"经营。建设高素质的参政党，必须调动全体社员的积极性、创造性，凝聚集体的智慧和力量。否则，参政议政必将成为无源之水、无本之木。因此，根据韩启德主席提出的"人才强社"构想，《九三学社中央关于实施人才强社的意见》《九三学社中央关于加强组织建设的若干规定》相继推出。在重点发展科技界人才的同时，还注意在社会科学和新阶层等界别，物色发展旗帜性人物和优秀人才，着力打造坚强的领导班子，广泛吸纳和培养具有较高政党意识和理论水平的人才，整体提升九三学社参政议政的能力和水平。

为了整合力量，凝聚全社智慧，九三学社中央每年在全社范围征集政协大会提案，并建立起一套征集、使用、转复和奖励机制。采取社组织与社会有关方面、社内与社外专家、社中央与地方组织"三结合"的方法，推进参政议政工作更上层楼。

水资源保护和开发利用，是九三学社长期调研、持续关注的重点课题。

1989年7月，社中央主席周培源致函江泽民总书记，提出《建立长江上游生态保护和资源开发的建议》，引起江泽民总书记、李鹏总理、姚依林副总理的重视，分别对建议作出批示。三峡工程建成后，正如有关专家所说：最大的功臣是那些对三峡工程提出意见的人。

1998年1月，社中央召开"水资源合理开发利用问题研讨会"。3月，社中央副主席王文元在全国政协九届一次会议上作了《树立水资源危机意识，合理开发反对浪费》的大会发言。闵乃本代表九三学社中央作了《实施可持续发展战略，加快我国水电开发步伐》的大会发言。

2002年7月，九三学社中央"海水资源开发利用及可持续发展中的科技问题"调研组，赴青岛、烟台、莱州、天津等地调研。社中央主席吴阶平，副主席王文元、洪绂曾、黄其兴，以及中共中央统战部，国家经贸委、科技部、建设部、海洋局等单位有关负责人和专家参加。调研组对海洋、盐场、海水淡化厂等处进行了实地调查，并与以上各地的党政领导进行了座谈，对环渤海地区海水资源开发利用，起到了促进作用。

由于人口膨胀和过度开发，被誉为"中华水塔"的长江、黄河和澜沧江的源头，植被与湿地生态遭到破坏，水源涵养能力急剧减退，直接威胁到长江、黄河流域的生态安全。2003年年初，九三学社青海省委提出建议，把三江源生态保护作为一项国家战略，引起社中央高度重视。当年7月，社中央主席韩启德率领九三学社专家组来到雪域高原，对三江源进行实地调研。回京后，社中央多次召开专题研讨会，分析原因，探寻对策，以"直通车"方式，将《九三学社中央关于加大三江源地区生态保护和建设力度的建议》，报送胡锦涛总书记。

对于九三学社的建议，胡锦涛总书记、温家宝总理相继作出批示，国家发改委、国务院西部开发办、农业部、水利部、国家环保总局和国家林业局，联合召开了"三江源地区生态保护与综合治理总体规划协调会"。2005年1月，国务院审议通过了《青海省三江源自然保护区生态保护和建设总体规划》，决定投资75亿元用于保护区生态恢复建设。随后，在全国政协十届四次会议和十一届一次会议上，九三学社中央围绕三江源生态保护与建设问题，继续建言献策，涉及经费管理、人才建设、生态补偿等重要课题。

2010年，青海玉树地震后，韩启德主席再次踏上高原，就灾后重建和生态保护问题进行深入调研，建议中共中央、国务院建立生态补偿长效机制，把解决民生问题放到更加重要的地位。

2011年11月16日，国务院常务会议作出决定，建立青海三江源国家生态保护综合试验区。三江源地区的生态保护与社会发展，终于纳入科学规范的管理。

九三学社持续跟踪三江源生态保护，进入了第十个年头。三江源生态保护一期工程的实施，展现了足堪欣慰的前景，也显露出亟待解决的问题。2013 年 10 月，社中央副主席赖明参加青海省政府举行的三江源生态保护一期工程实施情况座谈会。他呼吁尽快启动二期工程，同时探索建立三江源生态保护长效机制，将三江源建成第一个国家生态补偿机制示范区。

近年来，九三学社围绕高等教育改革，进行了大量调研。2009 年 3 月，在全国政协十一届二次会议全体会议上，社中央副主席邵鸿在大会发言中，建议改变高校行政化趋向，推动高等教育健康发展。一石激起千层浪，高校改革"去行政化"这个敏感而关键的问题凸显出来，引起全国高校和社会上的普遍热议。

反腐倡廉，也是九三学社关注的问题。在全国政协十届五次会议上，社中央副主席冯培恩慷慨陈词，呼吁加强控制政府行政成本，建设节约型政府刻不容缓，赢得了全场热烈掌声。联组会上，冯培恩进一步提出加强制度建设，遏制公款吃喝，为反腐倡廉出谋划策。

人民代表大会，是担任各级人大代表的社员发挥参政议政作用的重要平台。社中央副主席贺铿，以经济计量学专家的视角，多次在人大全会和常委会上，就推进经济转型、调节收入分配、出台房产税、建立住房保障制度等热点问题，提出独到的见解和建议。

近十年，九三学社在全国政协共提交大会发言 70 篇，提案 329 件，政协常委会发言 20 篇。其中，《关于在新农村建设中加强环境保护与生态建设》《关于推动我国经济社会低碳发展》等60件提案成为全国政协重点提案,《关于加强我国农田水利基础设施建设,保障粮食生产安全》《关于改变高等教育行政化趋向》等11件提案被评为十一届全国政协优秀提案,在各民主党派中名列前茅。

社中央主要领导参加中共中央、国务院举行的高层政治协商,就《政府工作报告》,经济形势分析,国家"十一五""十二五"规划等重大国计民生问题,深入研究,建言献策。多年来围绕推进政治体制和行政体制改革,深化科技管理体制改革,文化体制改革,促进医疗体制改革,推动城镇化健康发展,切实解决分配不公和贫富差距过大,加强党风廉政建设,深化国有企业改革,稳健调控房地产市场等方面的重点、难点问题,提出许多兼具战略性、前瞻性,切实可行的建议,受到中共中央、国务院的高度重视。

民主监督方面,九三学社通过高层政治协商,"直通车"建议,政协会议,出席最高人民法院、最高人民检察院、中央统战部召开的座谈会和情况通报会,评议政事,反映实情,直陈利弊。利用覆盖全社的信息工作,及时反映社情民意。

担任各级特约监督员、监察员、检察员、审计员和教育督察员的九三学社社员,以高度的政治责任感,认真参加执法监督检查、行风政风评议,在加强廉政建设,依法行政中,也都有效地发挥着民主监督作用。

新时期以来,九三学社不断探索,积极进取,参政议政,民主监督的质量与水平不断提高。但是,还应看到,与广大社

**2014 年 3 月 3 日，韩启德在全国政协第十二届二次会议上
报告政协十二届一次会议以来的提案工作情况**

员和人民群众的期待，与国家发展的需要，与所承担的政治责
任和历史使命相比，仍存在着一定差距。打铁还需自身硬。九
三学社的领导者迫切感受到，九三学社仍需在实施"人才强
社"战略中，加强自身建设不松懈，仍需在凝聚社的力量与
智慧、强化和提高政党素质等方面继续努力。在关注经济社会
发展问题的同时，尤应在推进国家民主政治建设、公权力监督
方面，下大力气，多做功课，多献诤言。只有在国家政治生活
中发挥出不可替代的作用，取得实实在在的成效，那么，社会
上认为"鼓掌多"，"批评少"，参政党徒有虚名的成见，自会
冰消瓦解。具有中国特色的多党合作制度，才会不断完善，焕
发出旺盛的生命力。

在九三学社第十次全国代表大会上，身系 13 万社员重托

的韩启德主席，满怀豪情地说：

> 改革开放的历史潮流滚滚向前、不可阻挡。我们有幸生活在这样一个变革的时代，亲身参与中国特色社会主义的伟大实践。把我社建设成为一个思想上坚定、履职上坚实、组织上坚强的参政党，为坚持和发展中国特色社会主义而不懈努力。这是时代赋予我们的崇高使命，虽苍黄而不渝，历万难而不怠……

参考文献

重庆《新华日报》1946 年有关各期。

重庆《大公报》1945～1949 年各期。

重庆《民主报》1946 年 10 月 26 日。

北平《世界日报》1946 年 12 月 31 日。

上海《文汇报》1947 年 1 月 1 日。

《常识》1945 年第 19～20 期。

劲云：《许德珩》，上海《文汇报》1947 年 2 月 27 日。

张友渔、杨献珍、吴克坚、杨放之、葛春霖：《一个有理想的人——纪念吴藻溪同志》，《人民政协报》1986 年 11 月 21日。

闻黎明：《六参政员访问延安再研究》，《抗日战争研究》1999年第 2 期。

储安平主编《观察》第二卷第 14 期，第四卷第 10、14 期。

许进：《许德珩、劳君展和九三学社》，《中共党史资料》2006年第 2 期。

陈扬勇:《周恩来与共同纲领的制定》,《党的文献》2003 年第
　　2 期。

《引导知识分子坚持走健康成长的道路》,《红旗》杂志 1986
　　年第 18 期。

《中国党派》,中联出版社,1948,重庆市档案馆藏。

《为了民主与科学——许德珩回忆录》,中国青年出版社,
　　1987。

邵鸿编著《许德珩年谱》,未刊。

许进主编《百年风云许德珩》,北京出版社,2003。

潘菽:《难忘的重庆岁月》,光明日报出版社,1988。

《梁希纪念集》,中国林业出版社,1983。

《著名农学家教育家金善宝》,农业出版社,1985。

张友仁:《周炳琳与北京大学》。

《嘉兴市文史资料第三辑(褚辅成专辑)》,浙江人民出版社,
　　1991。

王天松编著《褚辅成年谱长编》,中国文史出版社,2012。

孟宪章:《中国反美扶日运动斗争史》。

笪移今:《九三学社的缘起和解放前在上海的斗争》。

李花:《心系祖国献身科教——记九三学社发起人,实业家、
　　教育家税西恒》,载重庆市渝中区政协文史委编《巴渝文史
　　荟萃》第二卷。

吴藻溪主编《科学运动文稿》,未公开发行,国家图书馆藏。

张小曼编《张西曼纪念文集》,中国文史出版社,1995。

《黎锦熙先生诞生百年纪念文集》,北京师范大学出版社,

1990。

陈建明、张京强：《张雪岩传》，学苑出版社，2012。

《王卓然史料集》，辽宁人民出版社，1993。

中国科学院固体物理研究所编《金属内耗研究大师——著名爱国物理学家葛庭燧》。

谢泳：《储安平与〈观察〉》，中国社会出版社，2005。

许鹿希：《邓稼先图片传略》，安徽教育出版社，2003。

《毛泽东选集》第4卷，人民出版社，1991。

薄一波：《若干重大决策与事件的回顾》，中共中央党校出版社，1993。

《九三学社章程》总纲，九三学社第十次全国代表大会通过。

九三学社中央社史办公室编《九三学社历史资料选辑》，学苑出版社，1991。

《社史研究通讯》，九三学社中央研究室主办。

九三学社中央研究室编《九三学社简史》，学苑出版社，2005年修订版。

九三学社中央内刊《九三社讯》《红专》。

九三学社中央宣传部编《九三学社院士风采》专辑。

九三学社中央档案室资料及有关工作报告、文件。

后　记

　　写这篇史话，一开始，未免有些踌躇。因为近年来，对于九三学社"已成定论"的早期历史，出现了一些质疑，难以回避。为了文字顺畅，方便叙述，只好把这个话题，搁到后边来说。

　　关于九三学社成立的始末，最早公开的文献，当是 1950年许德珩在九三学社第一次全国工作会议预备会上的讲话：

　　　　1944 年 11 月间，我们召开了一个座谈会，讨论民主与抗战问题……因为参加座谈会的是文化教育科学界服务的朋友，这些朋友们要争取民主，而民主与科学又是"五四"运动以来所揭举的两面极有意义的旗帜，中国社会在现阶段，还需要为民主与科学而奋斗，所以这一座谈会就取名为"民主科学座谈会"，又称之为"民主科学社"。只因为参加座谈会的朋友之中，有一位主办了一个刊物，也叫《民主与科学》，为了避免外面误会起见，后来就把民主科学社的名称取消了，因此有一个时期，座谈会是没有名称的。1945 年 9 月 3 日，日本投降签字，全国各地庆祝胜利，民主科学社的朋友，当时在重庆七星岩中苏文化协会举行了一个盛大的座谈会，为纪念国际的民主胜利，座谈会有一位同志提议，把这一座谈会改为"九三学社"，大家一致赞成，当时并成立了"九三学社筹备会"，这就是九三学社名称的出现之始。

这段讲话，尽管有与史实抵牾的地方——误把 1945 年 9 月 3 日命名"九三座谈会"，与 1946 年 1 月 6 日决定筹组"九三学社"的前后两次会议，在时空上叠加成了一次——但是，对于了解九三学社成立前的情况，却是比较详细而"权威"的版本。

到了 1983 年 11 月，许德珩的署名文章《毛泽东和九三学社》，发表于《人物》杂志第六期，基本重复了以上意思。其中，略有不同的是："我们把座谈会取名为民主科学座谈会，并逐渐演进成为一种学术性的政治团体，取名民主科学社……"此文公开发表后，被多处转载。关于九三学社"前身"之说，开始受到关注，同时，也引起了质疑。

有研究者撰文指出，九三学社成立时，在重庆《新华日报》发表的《九三学社缘起》，对于"民主科学社"和"民主科学座谈会"并无一字提及，而遍查史料，亦无片纸可证，显系虚构。也有早期入社的社员写信，提出不同看法……

值得注意的是，尽管许老对"民主科学"情有独钟，但是，每当谈及这个"前身"，往往会随即指出：因为某某原因，"名称取消了"，"有一个时期座谈会是没有名称的"。

对此，潘菽回忆说：

> ……这时已接近抗战胜利的日子，有一部分同志感觉这个会应该有个名称。许老提议可以名"民主与科学座谈会"。大家对此没有提出不同的意见。这个名称也没向外公开用过。

然而，1983 年修订《九三学社章程》总纲时，则把"民主科学社"作为九三学社的前身，首次写进了概述。1989 年再次修订《九三学社章程》，因为听到不同声音，又把"民主科学社"改成了"民主科学座谈会"，沿袭至今……

"没有名称"、"名称没有向外公开用过"，自然不会在历史记录中留下痕迹。不过，怎样看待和定义这样一个尚在孕育之中、没有确切名称的"前身"，当是问题的关键。

虽然九三学社的历史算不得久远，看来，仍有需要深入研究讨论的地方——以科学谨慎的态度，探本求源，寻证史实，还原真相，自是历史研究者不懈求索的题旨。

年初接下任务，为了克期完稿，自是日夜兼程。由于时间、材料所限，虽然竭尽驽钝，疏误难免，尚祈读者批评指正。在此，谨向提供资料帮助，以及不吝赐教的先生、朋友，一并致谢。

笔　者

2014 年 5 月

史话编辑部

图书在版编目（CIP）数据

九三学社史话/王世铎著. —北京：社会科学文献
出版社，2015.5（2021.12 重印）
（中国史话）
ISBN 978 - 7 - 5097 - 6596 - 8

Ⅰ.①九…　Ⅱ.①王…　Ⅲ.①九三学社 - 历史
Ⅳ.①D665.7

中国版本图书馆 CIP 数据核字（2014）第 228769 号

"十二五"国家重点图书出版规划项目

中国史话·政治系列
九三学社史话

著　　者／王世铎

出 版 人／王利民
项目统筹／宋月华　谢　安　责任编辑／连凌云
责任印制／王京美

出　　版／社会科学文献出版社·史话编辑部（010）59367143
　　　　　　地址：北京市北三环中路甲 29 号院华龙大厦　邮编：100029
　　　　　　网址：www.ssap.com.cn
发　　行／定制出版中心（010）59366509　59366498
　　　　　　市场营销中心（010）59367081　59367083
　　　　　　读者服务中心（010）59367028

印　　装／三河市尚艺印装有限公司
规　　格／开　本：889mm × 1194mm　1/32
　　　　　　印　张：7.25　字　数：155 千字
版　　次／2015 年 5 月第 1 版　2021 年 12 月第 9 次印刷
书　　号／ISBN 978 - 7 - 5097 - 6596 - 8
定　　价／25.00 元